工程项目管理沙盘模拟（PMST）实训教程

主　编	李洪涛	张西平	周晓奉
副主编	霍天昭	张静晓	李殿维
参　编	阎俊爱	李　宁	漆玲玲
	李　灵	窦慧娟	马露霞
	王　健	张朝勇	黄良辉
	牛　波	王成平	刘占宏

重庆大学出版社

图书在版编目(CIP)数据

工程项目管理沙盘模拟(PMST)实训教程 / 李洪涛,张
西平,周晓奉主编 . —重庆:重庆大学出版社,2013.6(2023.8 重印)
ISBN 978-7-5624-7346-6

Ⅰ.①工… Ⅱ.①李… ②张… ③周… Ⅲ.①工程项目管理
—教材 Ⅳ.①F284

中国版本图书馆 CIP 数据核字(2013)第 082487 号

工程项目管理沙盘模拟(PMST)实训教程

李洪涛 张西平 周晓奉 主编

责任编辑:林青山 版式设计:林青山
责任校对:刘雯娜 责任印制:赵 晟

*

重庆大学出版社出版发行
出版人:陈晓阳
社址:重庆市沙坪坝区大学城西路 21 号
邮编:401331
电话:(023) 88617190 88617185(中小学)
传真:(023) 88617186 88617166
网址:http://www.cqup.com.cn
邮箱:fxk@ cqup.com.cn (营销中心)
全国新华书店经销
重庆华林天美印务有限公司印刷

*

开本:787mm×1092mm 1/16 印张:12 字数:300 千
2013 年 6 月第 1 版 2023 年 8 月第 20 次印刷
印数:90 001—95 000
ISBN 978-7-5624-7346-6 定价:36.00 元

编审委员会

前　言

为推动建筑行业信息化发展，提升土建类工程管理专业学生动手实践能力和就业竞争力，由广联达软件股份有限公司开发的全新的 PMST 课程已被全国逾百家院校引进。这之中相当数量的院校都是使用广联达公司附送的"教学指南""实训教程"开展日常教学工作。究其原因，目前市面上尚未有该课程的教材。基于此，为方便高等院校开展日常教学工作，保证该课程的课堂教学质量，提升其影响力，笔者试图编写这本《工程项目管理沙盘模拟（PMST）实训教程》。

围绕 PMST 课程立体化建设的目标，各高校亦可根据各自的教科研情况等实际情况有针对性地去加强与课程相关的音像制品、电子资料与网络出版物等资源的开发，集成多功能、多媒体的教学包，形成系列化的教学解决方案。课程建设的全过程中应始终突出 PMST 课程的特点，紧紧围绕"情景体验、活动准备、活动开展和总结反思"四个环节进行课程优化与探索。

较之于工程管理专业既有的传统课程教材，本教材最大的特点在于其实用性与可操作性。在课程编排上，遵循操作过程的先后顺序，按照由易到难的程度，依次划分为 PMST 导航、PMST 体验、PMST 挑战、PMST 总结等 4 章。为了方便教师教学，进一步加强课程的系统性，以附录的形式给出了"课程实训总结报告、课程教学大纲、历年沙盘大赛试题选编、工程项目管理分析工具软件 GST 简介、工程项目管理考核系统 GSTA 介绍"等内容。

本书由李洪涛、张西平、周晓奉编著。全书包括 PMST 导航、PMST 体验、PMST 挑战、PMST 总结等 4 章以及 5 个附录；其中李洪涛、周晓奉共编著第 1 章 2、3 节、第 2 章、第 3 章、第 4 章 1 节、附录 4、附录 5，张西平编著第 1 章 1 节、第 4 章 2、3 节、附录 1、附录 2、附录 3 的编写，全书由李洪涛负责统稿。

本教程由广联达软件股份有限公司李洪涛、周晓奉、武昌工学院张西平担任主编，得到了广联达教育培训事业部的霍天昭、王全杰、王光思、郭启红，长安大学张静晓，辽宁工程技术大学李殿维，山西财经大学阎俊爱，天津大学李灵，三江学院漆玲玲，大连民族学院窦慧娟，西南石油大学刘红勇，东北石油大学马露霞，北京经济管理职业学院李宁，黄冈职业技术学院王健等的帮助；参考了相关类似教材与著作，恕不一一列出；在此对在本书编著过程中给予支持和帮助过的老师及参考文献的原作者一并表示感谢！

我们在本书的编著过程中，为了使教材更加适合应用型人才培养的需要，作出了全新的尝试与探索，但由于工程项目管理沙盘模拟的实训教程尚属空白，可供直接参考的文献有限；囿于编者的认知水平不足、编著时间仓促，书中难免有遗漏或不妥之处，恳请广大师生和读者批评指正，以期再版时不断提高。

编　者

2013 年 4 月

目 录

第 1 章　PMST 导航

本章教学要点

知识要点	掌握程度	相关知识
项目与项目管理	了解	项目的概念及其特征,项目管理的 9 大领域
进度计划横道图	掌握	横道图的特点、表达与识读
线性盈亏平衡分析	熟悉	线性盈亏平衡分析的概念及原理图
赢得值原理	熟悉	3 个基本参数、4 个指标

无论是面对气势恢宏的鸟巢工程,还是雄浑挺拔的摩天大楼,亦或是玲珑别致的流水别墅,你也许会问,这些工程项目一个个是如何拔地而起的? 作为一个项目经理或者工程项目管理人员会面对哪些工作? 应该怎样最大限度地从一个个工程项目中赢得利润?

以往,为了寻求答案,也许需要你四处奔波去寻找实习工地;或顶着炎炎烈日去跑施工现场;或者初出茅庐的你甚至会冒着项目失败的风险而去亲自体验一把!

而现在,你只需要在教室里,担任模拟的工作角色,通过模拟的环境、模拟的钱币、模拟的资源,去亲身经历一个模拟的工程项目,所有问题都会迎刃而解——这就是工程项目管理沙盘模拟(Project Management Simulation Training,简称 PMST),一种具有极强实战色彩的项目管理培训课程。

1.1　PMST 基础知识

1.1.1　项目与项目管理

项目是指在一定约束条件下(主要是限定资金、限定时间等),为完成某一独特的产品或服务具有特定目标的一次性任务。例如三峡工程、2008 年北京奥运会、建造一幢高楼大厦、研制一种新药等,都是项目。

各种不同的项目,其内容是千差万别的。但它们都具有相似的特性,即:目标性、独特性、一次性、可限制性、不确定性、不可挽回性。

任何项目都会在时间、成本、质量三个方面受到约束;但是,就一个个体项目来说,三个约束条件具有不同的约束力,因此,我们通常称之为项目的三重约束关系,任何一个项目都必须平衡三重约束,其中约束条件中最具有刚性的条件常常被称为主导约束,主导约束是在项目中我们更应该关注的约束条件。例如:悉尼歌剧院项目从启动到项目完成,共耗时 16 年,其预算超出了计划的 8 ~ 10 倍,工期超出了 4 ~ 6 倍。但是,它成为澳大利亚的标志和骄傲,可以这样说,作为项目主要干系人的澳大利亚政府和人民对该项目是满意的,他们对项目的超支和超时都是不在乎的,对于这个项目,主导约束是质量约束。又如:奥运项目的主导束条件是时间约束,如果超过奥运会的时间,你的项目再完美也只能称之为一个失败的项目。因此,在对一个具体项目实施管理的过程中,我们所要做的就是确保主导约束条件下平衡三重约束。

一个项目的生命周期就是从定义项目目标、制订项目计划直至最终完成项目的过程,具体包括 5 个阶段:定义项目目标、制订项目计划、发布项目计划、跟踪项目进度并调整计划、完成项目并存档。

项目管理是项目管理者在有限的资源约束下,运用系统的观点、方法和理论,对项目涉及的全部工作进行有效的管理,即从对项目的投资决策开始到项目结束的全过程进行计划、组织、指挥、协调、控制和评价,以达到项目的目标。

项目管理的知识领域是指作为项目经理必须具备与掌握的重要知识与能力,这些知识领域涉及很多管理工具和技术,用来帮助项目经理与项目组成员完成项目的管理。它包括 9 个方面的内容,即:项目范围管理、项目时间管理、项目成本管理、项目质量管理、项目人力资源管理、项目沟通管理、项目风险管理、项目采购管理、项目综合管理。

随着知识经济的飞速发展,项目管理模式将在企业竞争及经济发展中扮演日益重要的角色。现代项目管理主要有以下几个方面的特点:

①项目管理的对象是项目或被当作项目来处理的事务。

②项目管理的全过程都贯穿着系统工程的思想,依据"整体—分解—综合"的原理,把项目分解成多个责任单元。

③项目管理的组织具有特殊性,其管理的组织是临时性、开放性的,组织结构为矩阵结构。

④项目管理的方式为目标管理,是一种多层次的目标管理方式。项目管理者以综合协调者的身份向各方面的专家讲明应承担的责任,协商确定时间、经费、工作标准的限定条件。

⑤项目管理的体制是一种基于团队管理的个人负责制。项目经理对项目结果全面负责。

⑥项目管理的要点是创造和保持是项目顺利进行的环境。项目管理是管理过程不是技术过程。

⑦项目管理的方法、工具和手段具有先进性和开放性。

1.1.2　建设工程项目管理

工程项目管理的含义有多种表述。英国皇家特许建造学会(CIOB)对其作了如下的表述:自项目开始至项目完成,通过项目策划和项目控制,以使项目的费用目标、进度目标和质量目标得以实现。此解释得到许多国家建造师组织的认可,在工程管理业界有相当的权威性。其中"自项目开始至项目完成"指的是项目的实施期;"项目策划"指的是目标控制前的一系列筹划和准备工作;"费用目标"对业主而言是投资目标,对施工方而言是成本目标。项目决策期管理工作的主要任务是确定项目的定义,而项目实施期项目管理的主要任务是通过管理使项目的目标得以实现。《建设工程项目管理规范(GB/T 50326—2006)》将工程项目管理定义为:运用系统的理论和方法,对工程项目进行计划、组织、指挥、协调和控制等专业化活动。

建设工程项目管理是针对建筑工程而言,是在一定约束条件下,以建筑工程项目为对象,以最优实现建设工程项目目标为目的,以建设工程项目经理负责制为基础,以建设工程承包合同为纽带,对建设工程项目进行高效率的计划、组织、协调、控制和监督的系统管理活动。建设工程项目管理按工程项目不同参与方的工作性质和组织特征划分为:业主方的项目管理、设计方的项目管理、施工方的项目管理、供货方的项目管理、建设项目总承包方的项目管理等几种类型。其中施工项目管理即施工企业的项目管理,是指施工企业(承包商)站在自身的角度,从其利益出发,按与业主签订工程承包合同界定的工程范围所进行的管理。内容是对施工全过程进行计划、组织、指挥、协调和控制。其项目管理的目标包括施工的成本目标、施工的进度目标和施工的质量目标;项目管理的任务包括施工安全管理、施工成本控制、施工进度控制、施工质量控制、施工合同管理、施工信息管理、与施工有关的组织与协调等。

要点提醒

在项目管理的9大知识领域中,核心领域是范围管理、时间管理、成本管理与质量管理。

1.1.3 工程项目进度计划

工程项目实施的组织管理形式分为3种:依次施工、平行施工、流水施工。

1)依次施工组织方式

依次施工组织方式是将拟建工程项目的整个建造过程分解成若干个施工过程,按照一定的施工顺序,前一个施工过程完成后,后一个施工过程才开始施工;或前一个工程完成后,后一个工程才开始施工。它是一种最基本、最原始的施工组织方式。

依次施工组织方式具有以下特点:

①由于没有充分地利用工作面去争取时间,所以工期长。

②工作队不能实现专业化施工,不利于改进工人的操作方法和施工机具,不利于提高工程质量和劳动生产率。

③工作队及工人不能连续作业。

④单位时间内投入的资源量比较少,有利于资源供应的组织工作。

⑤施工现场的组织、管理比较简单。

2)平行施工组织方式

在拟建工程任务十分紧迫、工作面允许以及资源保证供应的条件下,可以组织几个相同的工作队,在同一时间、不同的空间上进行施工,这样的施工组织方式称为平行施工组织方式。

平行施工组织方式具有以下特点:

①充分地利用了工作面,争取了时间,可以缩短工期。

②工作队不能实现专业化生产,不利于改进工人的操作方法和施工机具,不利于提高工程质量和劳动生产率。

③工作队及其工人不能连续作业。

④单位时间投入施工的资源量成倍增长,现场临时设施也相应增加。

⑤施工现场组织、管理复杂。

3）流水施工组织方式

流水施工组织方式是将拟建工程项目的整个建造过程分解成若干个施工过程,也就是划分成若干个工作性质相同的分部、分项工程或工序;同时将拟建工程项目在平面上划分成若干个劳动量大致相等的施工段;在竖向上划分成若干个施工层,按照施工过程分别建立相应的专业工作队;各专业工作队按照一定的施工顺序投入施工,完成第一个施工段上的施工任务后,在专业工作队的人数、使用的机具和材料不变的情况下,依次地、连续地投入到第二、第三……直到最后一个施工段的施工,在规定的时间内,完成同样的施工任务;不同的专业工作队在工作时间上最大限度地、合理地搭接起来;当第一施工层各个施工段上的相应施工任务全部完成后,专业工作队依次地、连续地投入到第二、第三,……,第 n 施工层,保证拟建工程项目的施工全过程在时间上、空间上,有节奏、连续、均衡地进行下去,直到完成全部施工任务。

与依次施工、平行施工相比较,流水施工组织方式具有以下特点:

①科学地利用了工作面,争取了时间,工期比较合理。

②工作队及其工人实现了专业化施工,可使工人的操作技术熟练,更好地保证工程质量,提高劳动生产率。

③专业工作队及其工人能够连续作业,使相邻的专业工作队之间实现了最大限度、合理的搭接。

④单位时间投入施工的资源量较为均衡,有利于资源供应的组织工作。

⑤为文明施工和进行现场的科学管理创造了有利条件。

工程项目施工进度计划的表达方法常见的有横道图（也称甘特图）和网络图两大类。其中横道图是以横向表示各专业工程在某一流水段上施工持续的时间,以纵向表示施工过程的名称及先后顺序。

横道图绘制简单,施工过程及其先后顺序清楚,时间和空间状况形象直观,进度线的长度可以反映流水施工的速度,使用方便,应用广泛。

1.1.4　建设工程承包合同

建设工程承包合同,亦称基本建设承揽合同,指一方（承包人,即勘察、设计或施工单位）按期完成并交付他方（发包人,即建设单位）所委托的基本建设工作,而发包人按期进行验收和支付工程价款或报酬的合同;有总合同与年度合同、总承包合同与分承包合同之分。《中华人民共和国经济合同法》第18条规定:"建设工程承包合同,必须根据国家规定的程序和国家批准的投资计划、计划任务书等文件签订"。

建设工程承包合同明确了合同双方的权利和义务,约定了承、发包方违反建设工程承包合同应承担的相应责任。

合同预算是建设单位和施工单位签署的合同文件的组成部分,也就是双方达成协议的投标报价,是双方支付工程款的依据。

建设工程施工承包合同的计价方式主要有3种,即总价合同、单价合同和成本补偿合同。总价合同又包括固定总价合同和可调值总价合同;单价合同包括估算工程量单价合同和纯单价合同;而成本加酬金合同包括成本加固定百分比酬金合同、成本加固定金额酬金合同、成本加奖罚合同、最高限额成本加固定最大酬金合同。

所谓总价合同是指支付承包方的款项在合同中是一个"规定的金额",即总价。总价合同的主要特征:一是价格根据确定的由承包方实施的全部任务,按承包方在投标报价中提出的总价确定;二是待实施的工程性质和工程量应在事先明确商定。总价合同又可分为固定总价合同和可调值总价合同两种形式。

所谓单价合同,是指在施工图不完整或当准备发包的工程项目内容、技术经济指标一时还不能明确、具体地予以规定时,往往要采用单价合同形式。这样在不能比较精确地计算工程量的情况下,可以避免凭运气而使发包方或承包方任何一方承担过大的风险。工程单价合同可细分为估算工程量单价合同和纯单价合同两种不同形式。

成本加酬金合同,这种合同形式主要适用于工程内容及其技术经济指标尚未全面确定,投标报价的依据尚不充分的情况下,发包方因工期要求紧迫,必须发包的工程;或者发包方与承包方之间具有高度的信任,承包方在某些方面具有独特的技术、特长和经验的工程。以这种形式签订的建设施工合同,有两个明显缺点:一是发包方对工程总价不能实施实际的控制;二是承包方对降低成本也不大感兴趣。因此,这种合同形式在建设工程中很少采用。

1.1.5 线形盈亏平衡分析

盈亏平衡分析又称"量—本—利"分析。它是根据产品产量或销售量、成本和利润三者之间相互依存关系所进行的综合分析,它是对技术方案进行成本效益分析。其目的是通过盈亏平衡分析可以确定盈亏平衡点、正确规划企业的生产发展水平、合理安排企业的生产能力、及时了解企业的经营状况以判断不确定因素对方案经济效果的影响程度,从而选择出风险最小、经济效益较好的运行方案。

所谓线形平衡分析法就是指:方案的收入函数是关于产量的线性函数 $F = B + DQ + E$(其中,B,D 均为常量);方案的成本函数关于产量的线性函数:$C = B + DQ$。

所谓平衡,是指方案的盈亏平衡,即方案的收入等于支出点,称为保本点。

设平衡点为 Q^0,则根据题意有:

$$F = B + DQ^0 = xQ^0$$

$$Q^0 = B/(x-D)$$

此时有:$F(Q^0) = C(Q^0)$

很显然,所谓盈亏平衡点就是两条直线 $F = xQ$ 与 $C = B + DQ$ 的交点。在分析单一方案时,如图1.1所示:

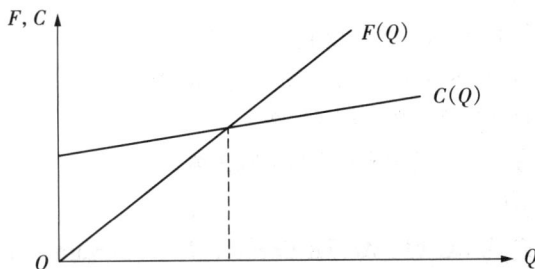

图1.1 线性盈亏平衡分析原理图

当两个评价方案进行比较时，只取两个方案的成本函数进行比较（如果两个方案的成本函数恒相等，$C_1(Q) = C_2(Q)$，则取两个方案的收入函数进行比较），可能出现如图 1.2 所示的两种情况：

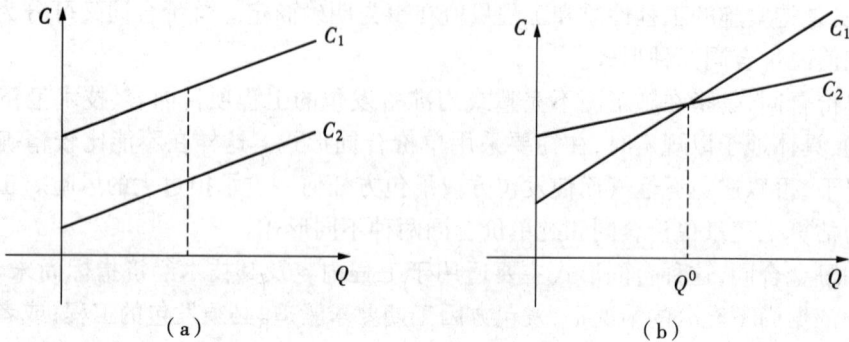

（a）　　　　　　　　　　　　　　　（b）

图 1.2　两个方案比选的盈亏平衡分析示意图

在图 a 中，两个方案的成本直线无交点（平行），但是，很明显，C_1 恒在 C_2 的上方。也就是说，无论 Q 取何值 Q^*，均有 $C_1(Q^*) > C_2(Q^*)$，因此，方案 II 优于方案 I 。

在图 b 中，当 $Q < Q^0$ 时，有 $C_2(Q) > C_1(Q)$；当 $Q > Q^0$ 时，有 $C_1(Q) > C_2(Q)$。

因此，当产量在 Q^0 以下时，方案 I 优于方案 II ；当产量在 Q^0 以上时，方案 II 优于方案 I 。

1.1.6　赢得值原理

赢得值法（Earned Value Management，EVM）作为一项先进的项目管理技术，最初是美国国防部于 1967 年首次确立的。到目前为止国际上先进的工程公司已普遍采用赢得值法进行工程项目的费用、进度综合分析控制。用赢得值法进行费用、进度综合分析控制，基本参数有 3 项，即已完工作预算费用、计划工作预算费用和已完工作实际费用。

1）赢得值法的 3 个基本参数

（1）已完工作预算费用

已完工作预算费用为 BCWP（Budgeted Cost for Work Performed），是指在某一时间已经完成的工作（或部分工作），以批准认可的预算为标准所需要的资金总额，由于业主正是根据这个值为承包人完成的工作量支付相应的费用，也就是承包人获得（挣得）的金额，故称赢得值或挣值。

已完工作预算费用（BCWP）＝已完成工作量×预算单价

（2）计划工作预算费用

计划工作预算费用，简称 BCWS（Budgeted Cost for Work Scheduled），即根据进度计划，在某一时刻应当完成的工作（或部分工作），以预算为标准所需要的资金总额，一般来说，除非合同有变更，BCWS 在工程实施过程中应保持不变。

计划工作预算费用（BCWS）＝计划工作量×预算单价

（3）已完工作实际费用

已完工作实际费用，简称 ACWP（Actual Cost for Work Performed），即到某一时刻为止，已完成的工作（或部分工作）所实际花费的总金额。

已完工作实际费用（ACWP）＝已完成工作量×实际单价

　　在项目实施过程中,以上 3 个参数可以形成 3 条曲线,即计划工作预算费用(BCWS)、已完工作预算费用(BCWP)、已完工作实际费用(ACWP)曲线。

　　2)赢得值法的 4 个评价指标

　　在这 3 个基本参数的基础上,可以确定赢得值法的 4 个评价指标,它们也都是时间的函数。

　　(1)费用偏差 CV(Cost Variance)

　　费用偏差(CV)＝已完工作预算费用(BCWP)－已完工作实际费用(ACWP)

　　当费用偏差(CV)为负值时,即表示项目运行超出预算费用;当费用偏差(CV)为正值时,表示项目运行节支,实际费用没有超出预算费用。

　　(2)进度偏差 SV(Schedule Variance)

　　进度偏差(SV)＝已完工作预算费用(BCWP)－计划工作预算费用(BCWS)

　　当进度偏差(SV)为负值时,表示进度延误,即实际进度落后于计划进度;当进度偏差(SV)为正值时,表示进度提前,即实际进度快于计划进度。

　　(3)费用绩效指数(CPI)

　　费用绩效指数(CPI)＝已完工作预算费用(BCWP)/已完工作实际费用(ACWP)

　　当费用绩效指数 CPI<1 时,表示超支,即实际费用高于预算费用;

　　当费用绩效指数 CPI>1 时,表示节支,即实际费用低于预算费用。

　　(4)进度绩效指数(SPI)

　　进度绩效指数(SPI)＝已完工作预算费用(BCWP)/计划工作预算费用(BCWS)

　　当进度绩效指数 SPI<1 时,表示进度延误,即实际进度比计划进度拖后;

　　当进度绩效指数 SPI>1 时,表示进度提前,即实际进度比计划进度快。

　　费用(进度)偏差反映的是绝对偏差,结果很直观,有助于费用管理人员了解项目费用出现偏差的绝对数额,并依此采取一定措施,制订或调整费用支出计划和资金筹措计划。但是绝对偏差有其不容忽视的局限性。

　　如同样是 10 万元的费用偏差,对于总费用 1000 万元的项目和总费用 1 亿元的项目而言,其严重性显然是不同的。因此,费用(进度)偏差仅适合于对同一项目作偏差分析。费用(进度)绩效指数反映的是相对偏差,它不受项目层次的限制,也不受项目实施时间的限制,因而在同一项目和不同项目比较中均可采用。

　　在项目的费用、进度综合控制中引入赢得值法,可以克服过去进度、费用分开控制的缺点,即当我们发现费用超支时,很难立即知道是由于费用超出预算,还是由于进度提前。相反,当我们发现费用低于预算时,也很难立即知道是由于费用节省,还是由于进度拖延。而引入赢得值法即可定量地判断进度、费用的执行效果。

1.2　PMST 课程介绍

1.2.1　课程渊源

　　最早的沙盘其实来源于军事,借助兵棋推演的方式来进行模拟敌我态势,让红、蓝两军从战略、战术角度进行不断的对抗与演练,从而达到检验和锻炼指挥团队作战能力的目的;后被西方发展成为模拟市场竞争、企业运营等培训模式，国内非常成功地引入了企业经营等沙盘，但是在项目管理领域，沙盘模拟还是空白。北京广联达软件股份有限公司推出的《工程项目管理沙盘（PMST）实训》课程正是学习和借鉴了现代沙盘教学形式，借助广联达公司在工程建设领域的强大专业背景，融合工程项目管理方面的最新理论和最佳实践开发而成；它模拟一个工程项目管理的全过程；由参加学习的人员组成几个相互竞争的团队，围绕与培训主题相关的经营活动，完成演练与学习，旨在提升学生知识和技能，达到改变学生认识和工作态度的目的。

广联达工程项目管理沙盘开发从 2006 年 10 月 10 日正式立项，2007 年 5 月 10 日正式问世，经过 2007—2008 年的市场历练过程，2008 年初进行了沙盘 2.0 的升级开发，6 月份正式发布，课程研发历程如图 1.3 所示。截至目前，已被全国各地多所高等院校及中职学校引入，列为工程管理、工程造价等专业的综合实训课程。

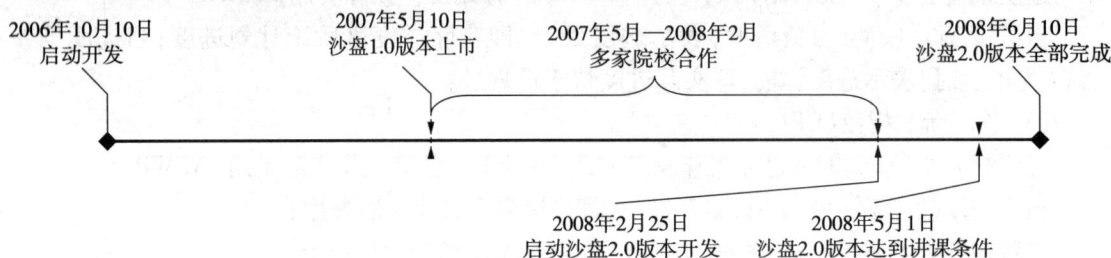

图 1.3　PMST 课程研发历程

1.2.2　课程定义

工程项目管理沙盘课程（Project Management Simulation Training，简称 PMST），是基于工程施工单位视角考虑工程施工项目从工程中标开始直至工程竣工结束的全过程管理，其间学生将围绕工程施工进度计划编制、业务操作、资源合理利用等核心问题开展实践活动；活动过程控制及结果分析由专门的软件程序协助教师完成。

PMST 课程教学旨在实现在校大学生入职前零距离感受到施工企业实际的工程项目管理运作过程，让学生通过沙盘去体验工程项目盈亏决策、进度计划编排、资金筹措、资源使用计划、风险管理、工程报量结算、经营核算等一系列活动。课程开展是在规定的时间内，在同一间教室里，学生将模拟 5 个不同岗位角色（如图 1.4 所示），组建若干个工程项目管理团队，在

图 1.4　PMST 项目团队角色解析

紧张激烈的竞争氛围中,完成模拟的工程施工项目管理过程,体验施工企业对项目管理的过程,挖掘工程施工项目管理的本质;并且在专门的沙盘分析软件协助下,老师通过对学生实践活动过程的引导和点评,强化学生对理论知识的理解与应用能力,提升学生在管理层面上的综合素质。

1.2.3　课程内容

PMST 课程围绕两大模拟工程项目,即凯旋门工程和世纪大桥工程展开,分为 PMST 导航、PMST 体验、PMST 挑战、PMST 总结 4 章。第 1 章为课程的预备知识,旨在引领学生走进课程;第 2 章以凯旋门工程项目为例,全面讲解 PMST 课程两大主要内容——项目策划与项目执行;第 3 章要求学生自行完成一个工程项目——世纪大桥工程;第 4 章为课程总结,分享了首届沙盘大赛上师生对 PMST 课程的感悟,并对课程教学进行了有益的思考与探索。

1.2.4　课程特色

相对于传统的工程项目管理课程,PMST 课程具有如下鲜明的特色:

①模式新颖。PMST 课程借鉴军事领域兵棋推演的形式来模拟工程项目管理过程。

②过程逼真。PMST 课程通过模拟的工程项目让每一位参与者直观感受工程项目的工作流、物资流、资金流和信息流。

③角色扮演。PMST 课程让每一位参与者切身感受项目团队不同岗位的角色和作业流程,更强调每个人的团队合作能力。

④决策体验。PMST 课程让每一位参与者在真实平台的决策中把握和体验项目管理要点,运筹帷幄,决胜沙盘。

⑤环境透明。PMST 课程通过设置统一的沙盘规则及项目可利用的资源等方式形成一个透明的信息环境,让每一个项目团队在课程实施中体会到项目管理真相,强化项目管理知识和技能。

⑥寓教于乐。与传统课程枯燥的理论加案例的模式相比,PMST 课程凸显教学过程中的娱乐性,使枯燥的理论变得生动有趣,让活动参与者在游戏中感悟和探寻项目管理的内在规律。

1.2.5　课程价值

众所周知,现在大学生就业难。到底难在什么地方?难在激烈市场竞争环境下,企业都比较实际,希望应聘者具备基本的理论水平的同时应具有较强的实践能力,希望招聘到的人拿过来就能用。这样的大背景下,高校面临更严峻的挑战——高校只有不断地去适应社会,提高学生的实践能力,才能使学生毕业时达到用人单位的选聘标准。

PMST 课程的核心价值就在于强调学生的主动性和积极性,旨在培养学生综合运用已学知识亲自动手解决企业实际问题的能力,可以强化学生的工程项目管理知识、提高动手能力,全面提升学生的综合素质,增强学生的就业竞争优势。

1.3　PMST 教具与规则

1.3.1　PMST 教具

PMST 课程的基本教具见图 1.5,包括:

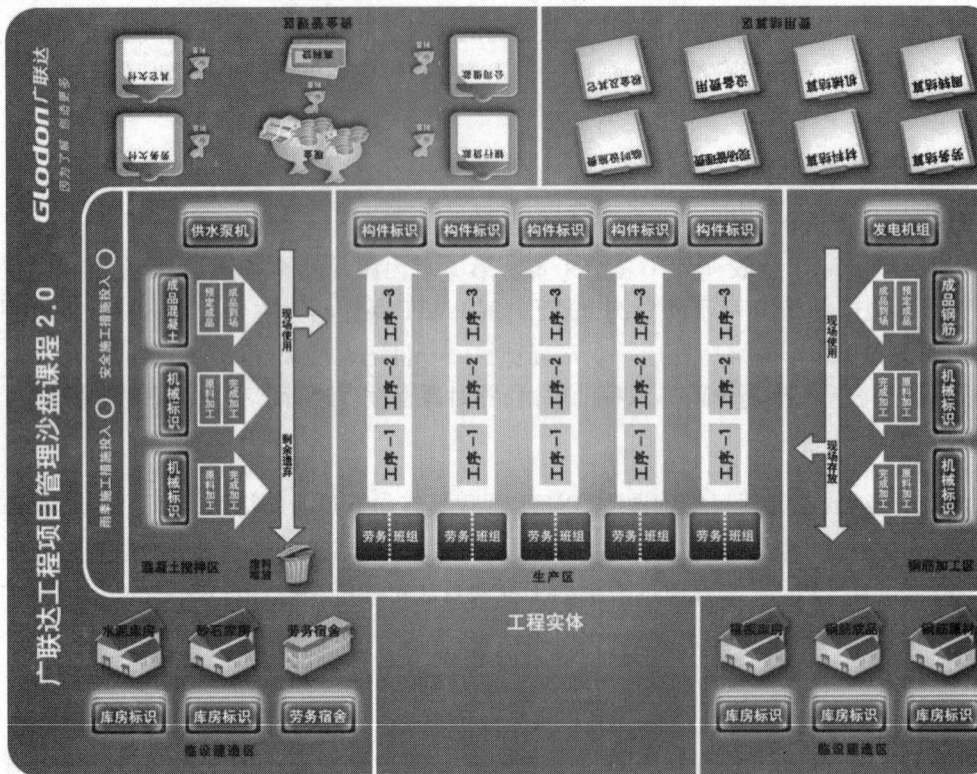

（a）一张盘面

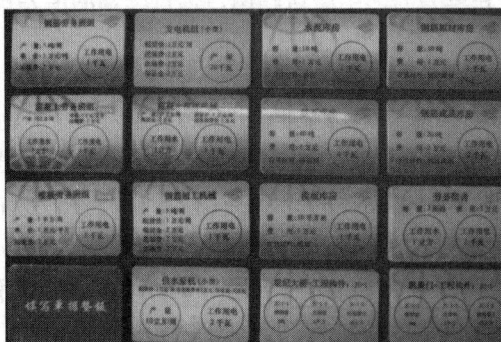

（b）两类资料

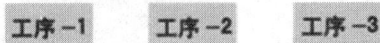

（c）三道工序

凯旋门工程

世纪大桥工程

L-34
L-24　L-45　　L-24-5
L-14
L-12　　　　L-25
B-23　　B-12
B-34　　B-41
L-23
D-1　D-4　　　D-5
D-2　　　D-3

天津

个工程

长安剧院工程

（e）五张胸牌

（f）八类"钱币"

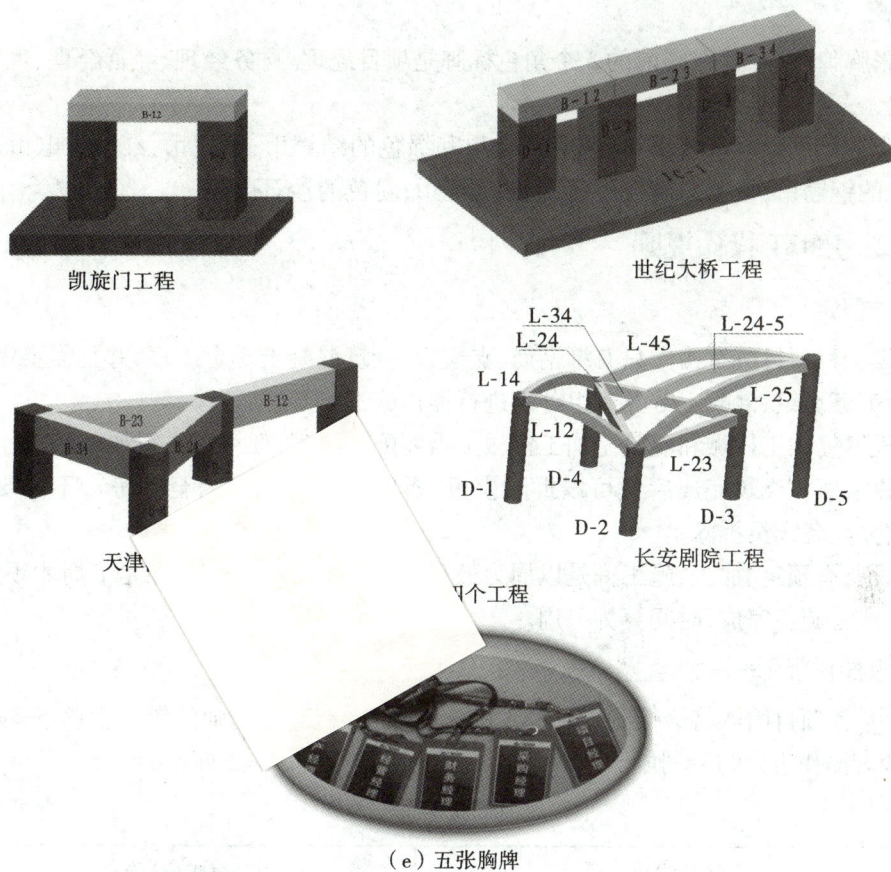

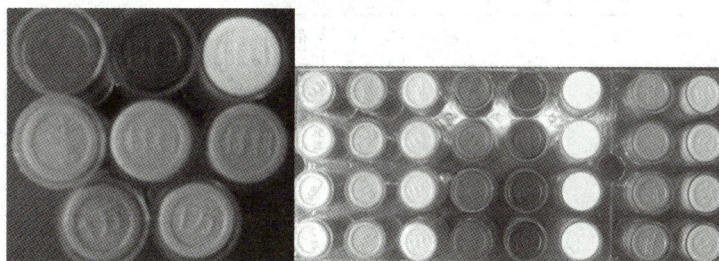

图 1.5　PMST 基本教具

①一张盘面。

②两类资料（一类是钢筋劳务班组、模板劳务班组及混凝土劳务班组 3 种劳务资源卡片，钢筋加工机械、混凝土搅拌机械、两种规格的发电机组、两种规格的供水泵机 4 种机械资源卡片，钢筋原材库房、钢筋成品库房、模板库房、水泥库房、砂石库房、劳务宿舍 6 种临时设施卡片计 15 种资源卡片；一类是贷款/还款申请单、临设申请单、劳务队进场申请单、原材料采购申请/结算单、周转材料租赁申请单、机械租赁申请单、成品订购申请/结算单出场单、劳务结算单、周转材料结算单、机械结算单、派工单、支付单、甲方报量单计 14 种过程单据）。

③三道工序（模拟工程项目的每一个构件都简化为支模板、绑钢筋、浇混凝土三道工序）。

④四个工程（课程中设置的模拟工程包括凯旋门工程、世纪大桥工程、天津港工程、长安

剧院 4 个）。

⑤五张胸牌（用于挂在胸前的 5 个角色标牌是项目经理、财务经理、经营经理、生产经理、采购经理）。

⑥八类"钱币"（即资金币：灰色的现金币和绿色的结算币；水电币：红色的电币；黄色的水币；蓝色的钢筋币；橙色的模板币；紫色的水泥币；粉色的沙石币）。

1.3.2　PMST 操作规则

1）基本假定

①假设工程项目所有构件只有绑钢筋、支模板、浇筑混凝土 3 个工序，并且需要钢筋劳务班组、模板劳务班组、混凝土劳务班组分别进行操作施工。

②假设钢筋加工机械和混凝土加工机械不需要配备人工，便可以进行加工操作。

③假设混凝土浇筑完成后便可以拆除模板（拆除模板必须先退至库房），不需要养护时间，也不需要配备人员拆除；

④假设所有预定、加工、施工都是以周为最小单位，且本周开始，必须是下周才预定到场、加工完成、或者施工完成，时间算为一周。

2）沙盘操作规则——沙盘操作表

学习中，各项目团队将会接到老师派发的工程项目任务，在老师的统一指挥下，项目成员应按照《沙盘操作表》来逐一执行项目的每一项工作。沙盘操作表如下：

沙盘操作表

序号	任务清单	完成请打"√"				
	计划阶段：	使用单据/表	第1—4周			
1	申请公司借款	贷款/还款申请单	□			
2	临时设施搭建	临设申请单	□			
	项目施工阶段（每月）：					
1	申请银行贷款	贷款申请单	□			
2	采购钢筋原材、水泥原材、砂石原材	原材料采购申请/结算单	□			
	项目施工阶段（每周）：					
1	雨季施工措施投入/安全施工措施投入	支付单	□	□	□	□
2	钢筋加工完成/上周订购的钢筋成品到场		□	□	□	□
3	混凝土搅拌完成/上周订购的混凝土成品到场		□	□	□	□
┇						
12	支出宿舍闲置劳务班组待工费/风险事件判断		□	□	□	□
	项目施工阶段（月末）：					
1	工程量统计	工程量统计表				□

续表

序号	任务清单	完成请打"√"				
2	甲方报量/申请项目进度款/支出税金	进度款申请/其他收入单				☐
3	资产变卖(竣工后方能进行统一变卖)	进度款申请/其他收入单				☐
⋮						
8	欠付还款	支付单				☐
9	支付贷款利息/归还贷款	支付单				☐
10	期间封账/经营核算	经营核算表格				☐

要点提醒

在操作过程中,切记以下注意事项,做到诚信经营:

➢ 按照操作表序号,从上至下一列为一个周,从左至右四列为一个月,逐一进行操作;

➢ 没有方格的不进行操作,有方格的操作完成后,打"√"或者打"×"进行标记;

➢ 已做决策并操作完成的步骤,不得返回再进行反复操作;

➢ 不得跳步操作,也不得同时进行多步的操作。

3)一些费用的支出规则说明

①安全施工和雨季施工措施投入:

A. 学生根据不同工程项目资料中所描述风险分析情况来判断是否投入;

B. 安全施工和雨季施工措施投入分别每周最多只能投入1万元;

C. 只要安全施工或者雨季施工措施投入费用累计值大于等于相应的危险等级系数,即可避免发生意外事件,否则按照风险规则发生风险。

②支出税金:在项目部甲方报量而收入工程进度款后,需要按规定向政府交纳税金,交纳金额=当月工程进度款金额×3%,四舍五入,每月6万元封顶。

③现场管理费:项目每月固定要支出现场管理费,用于日常管理所需,每月支出现场管理费金额=劳务宿舍容量×2。

4)沙盘风险事件触发规则

如沙盘操作表中,每周的最后一步"风险事件判断",届时学生应邀请老师前来检查操作结果,老师将会根据盘面上的学生操作状态,以及项目安全施工危险系数、天气情况等来判断此项目当周是否有风险事件发生,判断规则如下:

序号	风险触发条件	风险发生方法
1	当本周在施工序施工风险等级大于累积的安全施工措施投入时	本施工工序不能开展施工,现场材料退回库房或者加工区
2	当本周的降水等级大于累积的雨季施工措施投入时	所有在施工序不能开展施工,现场材料退回库房或者加工区

续表

序号	风险触发条件	风险发生方法
3	当自制混凝土成品当周无法使用完毕	制作完成的混凝土进入垃圾场,作报废处理
4	当自制钢筋成品当周无法使用完毕,并且没有进入成品库房	成品因保护不当造成损失20%

5）紧急补救措施规则

根据沙盘操作表中的规则,已操作完毕的步骤,不得回头重复操作,但是学生可以在任何时间选择"紧急补救措施",在付出代价的前提下,使得项目能够顺利进行。学生可以选择的紧急补救措施项目如下:

序号	补救措施	规则说明
1	紧急申请高利贷规则	随时可以申请高利贷,申请额度最少20万,且月利率为20%,不足一个月按照一个月进行计算
2	紧急申请劳务班组进场	进场运输费增加至市场价的2倍
3	紧急采购钢筋、水泥、砂石	原材料价格增加至市场价的2倍
4	紧急租赁机械规则	进场运输费增加至市场价的2倍
5	紧急租赁周转材料规则	进场运输费增加至市场价的2倍
6	紧急扩容库房/劳务宿舍	变更一次库房,除建造成本外,需要额外支出5万元现金,且原库房报废不得变卖

1.3.3　模拟市场的资源信息

模拟市场的基本信息是指工程项目所需资源的基本信息,它包括如下内容:

1）融资渠道

如果你需要资金,这里有3种融资渠道供你选择:

融资方式	月利率/%	还款要求
公司借款	5	工程初期申请,每月末支付利息,只能竣工后偿还本金,申请借款数目必须是20万元的整数倍
银行贷款	10	每月初申请,每月末支付利息,并决定是否偿还本金,申请借款数目必须是20万元的整数倍
高利贷	20	随时可以申请,每月末支付利息,月末还款,申请借款数目必须是20万元的整数倍

要点提醒

公司借款与银行贷款之间的约束关系取决于月利率的大小和资金周转期的长短。比如,按照PMST设定的市场资源信息,资金周转期大于总工期的二分之一时,这部分资金使用公司借款比较划算,反之则使用银行借款比较划算。

2）临时设施供应商

项目初期需要搭建临时设施，有以下临时设施种类可供选择：

临时设施名称	基准容量	基准建造单价	工作用电（kW）	工作用水（m³）
钢筋原材库房	10t	1 万元/个	1	
钢筋成品库房	10t	1 万元/个	1	
水泥库房	10t	1 万元/个	1	
砂石库房	10t	1 万元/个	1	
模板库房	10m²	1 万元/个	1	
劳务宿舍	2 班组	2 万元/个	2	2

结算支付要求：

A. 库房容量每增加 10t，建造费用增加 1 万元，工作用电增加 1kW；

B. 劳务宿舍每增加 1 个班组，费用增加 1 万元，工作用电用水各增加 1kW，1m³；

C. 必须一次性全部现金支付，如果不再使用可以按照 50% 折旧变卖，最后竣工后统一变卖，按照四舍五入计算。

3）劳务班组供应商

此项目需要 3 种劳务班组工种协同作业，其信息如下：

班组名称	产量	单价	工作用电（kW）	工作用水（m³）
钢筋工	5t/周	1 万元/t	1	
模板工	5m²/周	1 万元/m²	1	
混凝土工	10m³/周	1 万元/m³	1	1

结算支付要求：

A. 每支劳务班组进出场均需要 2 万元的运输费，现金支付，并且施工过程中如果出场，本劳务班组将不再进场；

B. 如果当周劳务班组闲置待工，则当周现金支付待工费，每周 3 万元；

C. 每月末按照所完成工程量进行结算，可以选择现金支付，也可以全部或部分选择欠付，若选择欠付，则按照月利率 15% 收取滞纳金，于第二月月末支付，按照四舍五入计算，且欠付利息最少 1 万元；

D. 劳务班组在宿舍期间不需要用水电，派工配置劳务班组时才需要配置水电。

要点提醒

劳务班组进出场取决于劳务班组的进出场费用单价与待工费单价两个因素之间的约束关系。比如，按照 PMST 设定的市场资源信息，如果劳务班组待工两周及两周以上，不如让劳务班组出场再进场（前提是市场上有可以提供的资源数量）。

4）原材料供应商

PMST 课程实训中需要使用 3 种原材料，不能直接使用于工程项目，而是需要经过机械加工处理之后才能使用，其信息如下：

材料名称	市场价	使用说明
钢筋	1 万元/t	1t 钢筋经机械加工后，能产出 1t 钢筋成品
水泥	1 万元/t	水泥和砂石经过混凝土搅拌机械加工后，能产出成品混凝土，其配比
砂石	1 万元/t	为：1t 水泥原材+1t 砂石原材＝2m³ 的混凝土成品

结算支付要求：原材料只能月初采购；采购时，必须 100% 现金支付，不允许存在欠付。

5）成品供应商

PMST 课程实训中，学生如果考虑不用自己租用机械来加工钢筋或者搅拌混凝土，也可以选择直接订购成品的钢筋或者成品混凝土：

成品材料名称	基准单价	定制说明
成品混凝土	1.4 万元/m³	须提前一周预定，第二周到场，且必须 5 的倍数
成品钢筋	1.4 万元/t	须提前一周预定，第二周到场，且必须 5 的倍数

结算支付要求：材料采购均采用现金 100% 支付，不允许欠付。

6）周转材料租赁供应商

PMST 课程中，模板是唯一的周转材料。所谓周转材料是指企业在施工过程中能够多次使用，并可基本保持原来的形态而逐渐转移其价值的材料，即该部位混凝土浇筑完成（更新生产区在施工序完成），便可拆除模板（必须先退至库房），重复使用该材料。

材料名称	基准租赁价	运输要求
模板	0.2 万元/（m²·周）	进出场均需要运输，且必须是 5 的整倍数，每车次最多 10m²，价格 2 万元/车次
模板的拆除条件：构件的浇筑混凝土工序完成后，即可拆除模板回库房（拆除必须先退至库房），为了简化步骤，不考虑混凝土的凝固周期		

结算支付要求：

A. 模板的运输费在申请租赁时立即支付；

B. 计算租赁费时，出场的当周不计租赁费；

C. 模板的租赁费每月末结算一次，可以选择现金支付，也可以全部或部分选择欠付，若选择欠付，则按照月利率 10% 支付欠付利息，且欠付利息最少 1 万元。

要点提醒

模板进出场取决于模板的进出场费用单价与闲置费用单价两个因素之间的约束关系。比如，按照 PMST 设定的市场资源信息，如果模板闲置两周以内（包括两周），则不用出场，如果模板需要闲置 2 周以上,则不如让其先出场,再进场。

7)机械租赁供应商

PMST 课程教具中共拥有 4 类,6 种不同型号的机械,供学生自由选择:

机械名称	机械产量	进出场费	基准租赁价	工作用电(kW)	工作用水(m^3)
钢筋加工	5t/周	2 万元	1 万元/周	1	/
混凝土搅拌	10m^3/周	2 万元	1 万元/周	1	1
发电机组(小)	20kW	2 万元	1 万元/周	/	/
发电机组(大)	40kW	2 万元	2 万元/周	/	/
供水泵机(小)	10m^3	2 万元	1 万元/周	2	/
供水泵机(大)	20m^3	2 万元	2 万元/周	4	/

结算支付要求:

A.进出场费进出场时现金支付,租赁费每月末结算一次,并且必须现金;

B.计算租赁费时,出场的当周不计租赁费。

本章小结

将本章作为 PMST 课程的开端,主要讲解与本课程有关的基本理论知识以及课程的渊源、定义、内容、特色、价值以及教程所用教具与规则。

PMST 课程起源于军事作战模拟所用沙盘,2007 年 5 月成功面世,2008 年 6 月趋于成熟;课程主要包括两大模拟工程项目,即凯旋门工程和世纪大桥工程,划分为五个阶段;课程分为项目策划和项目执行两大部分,在工程项目策划阶段是以横道图为基础去实现进度控制的,在工程项目执行阶段是以赢得值理论为基础的进度控制和费用控制集成管理;课程具有模式新颖、过程逼真、角色扮演、决策体验、环境透明、寓教于乐的鲜明特色;其核心价值就在于强调学生的主动性和积极性,培养学生综合运用已学知识亲自动手解决企业实际问题的能力,全面提升学生的综合素质,增强学生的就业竞争优势。

PMST 课程的基本教具可简单概括为"123458",即:一张盘面,两类资料,三道工序,四个工程,五张胸牌,八类"钱币";基本规则包括基本假定、沙盘操作表、费用支出规则、风险事件触发规则、紧急补救措施规则、市场资源信息的模拟。

关键术语

工程项目管理沙盘模拟 Project Management Simulation Training(简称 PMST) 工作分解结构 Work Breakdown Structure(简称 WBS) 赢得值 盈亏平衡分析

习题

1.简述 PMST 课程的定义、内容及特点。

2.PMST 课程的教具主要有哪些?

3.试分析模拟市场的资源信息中包含的竞争因素有哪些。

第2章　PMST 体验

知识要点	掌握程度	相关知识
项目操作	掌握	沙盘操作表
项目结算	熟悉	月度报告、现金流量表、工程量统计表的填写
项目核算	熟悉	材料耗量表、成本统计表、利润统计表的填写
项目策划	熟悉	进度计划横道图的确定、各类策划表格的填写

通过第1章的学习,我们已经对 PMST 课程有了基本的了解。在这一章里,我们将全面走进课程实训环节,去体验 PMST 课程。

在课程学习中,也许你会:

云里雾里,不知所措——因为你不知道需要做什么

加减乘除,头晕眼花——因为你不知道需要怎么做

面红耳赤,拍案而起——因为你不知道如何一起做

沉重打击,垂头丧气——因为你可能做得不够顺利

但最终会让你:

恍然大悟,茅塞顿开——因为你知道应该做什么了

呼风唤雨,游刃有余——因为你知道应该怎么做了

分工协作,团结一心——因为你知道如何共同做了

金山银山,开怀大笑——因为你做得已经很优秀了

让我们牢记课程要求:

服从指挥,团队协作——一切行动听指挥,个人利益服从集体利益

积极主动,诚信经营——鼓励沟通交流,服从规则才能收获更多

全力以赴,全程参与——课程前后连接紧密,切勿缺席,否则前功尽弃

静音手机,勿扰他人——请不要影响其他人的学习氛围

准备就绪了,就让我们一起走进 PMST 课程吧!

2.1　情景模拟

2.1.1　走进模拟情境

现在正式开始进入 PMST 课程实训,熟悉每个模拟的角色。首先,每个学生所在的团队模拟隶属于广联达建筑公司的每个项目部;其次,老师将模拟广联达建筑公司的公司总经理,

除此之外老师还将模拟项目业主、银行、各种资源的供应商等所有项目建设过程中项目部即将接触的相关单位;最后,每个学生即将担任项目部里5个关键岗位角色:项目经理、生产经理、经营经理、采购经理、财务经理。

2.1.2　组建项目团队

现在请在老师的指令下,在规定的时间内,完成以下团队组建内容:

A.项目团队名称;

B.给自己团队设计 LOGO;

C.选举项目经理;

D.其他岗位角色分工;

E.给自己项目团队起一个激励口号;

F.团队组建完成后,请将结果写在大白纸上,然后粘贴在墙面上;

G.请各小组项目经理简单阐述一下自己所在项目团队的组建理念,团队组建成果分享。

接下来,我们将体验第一个工程项目任务,并且在老师的带领下,完成本项目第一个月的操作,以熟悉在沙盘模拟项目中,每个业务的操作方法。

2.2　工程资料

1)工程概况

工程名称:凯旋门工程

工期要求:12 周

2)工程模型

3)工程量表

描述此项目每个构件施工工序的工程量:

编号	构件名称	工序	单位	工程量
JC-1	基础			
JC-1-1		绑钢筋	t	5
JC-1-2		支模板	m²	5

续表

编号	构件名称	工序	单位	工程量
JC-1-3		浇筑混凝土	m³	10
D-1	墩-1			
D-1-1		绑钢筋	t	5
D-1-2		支模板	m²	5
D-1-3		浇筑混凝土	m³	10
D-2	墩-2			
D-2-1		绑钢筋	t	5
D-2-2		支模板	m²	5
D-2-3		浇筑混凝土	m³	10
B-12	板-12			
B-12-1		支模板	m²	5
B-12-2		绑钢筋	t	5
B-12-3		浇筑混凝土	m³	10

4) 合同预算

合同预算是建设单位和施工单位签署的合同文件的组成部分,也就是双方达成协议的投标报价,是支付工程款的依据。

工序	报量单价	总工程量	报量价格/万
绑钢筋	4	20	80
支模板	4	20	80
浇筑混凝土	4	40	160
合计			320

每月统计完成工程量原则:项目工序工程量100％完成,方可纳入"完成工程量"统计。

5) 施工安全危险系数分析

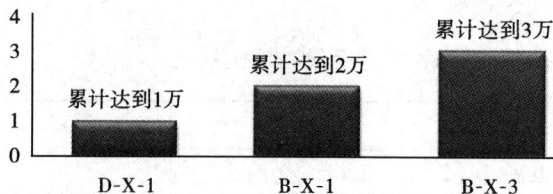

说明:只要安全措施累计投入费用可以预防相应危险系数的施工工序,即可避免发生意外事件。

6) 天气分析

通过可靠气象部门预测,施工工期内降水分布及降水等级图如下:

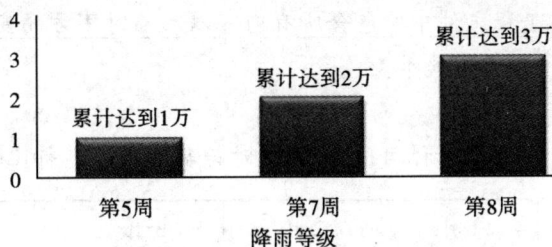

7) 市场资源分析

材料市场价格涨幅预测:通过可靠部门预测,材料市场价格无涨幅。

劳务班组市场可供应数量分析:

劳务班组工种	可供应数量
钢筋劳务班组	3
模板劳务班组	3
混凝土劳务班组	3

说明:每支劳务队在施工过程中如果出场,将不再进场,但是在市场可供应数量足够的情况下,可以选择其他劳务班组进场。

2.3 起航体验

在了解了工程项目详细资料后,项目团队本应该做一个详细的项目策划,以确定施工方案,确定承包指标,然后再执行项目的操作。

鉴于项目团队都是第一次承接项目,尚不清楚操作规则,所以公司决定替每个项目团队作决策确定施工方案、确定承包指标,然后带领每个团队开始执行项目的操作。

公司对此项目所做的决策如下:

公司借款:我项目部需要向公司申请____80____万元人民币借款

承包指标:我项目部将盈利:____59____万元人民币

2.3.1 签订承包合同

工程承包合同

发包方:广联达建筑公司   承包方:第____组

根据《中华人民共和国合同法》和《建筑安装工程承包合同条例》及《广联达工程项目管理沙盘模拟课程规定》,为明确双方在施工过程中的权利、义务和经济责任,经双方协商同意签订本合同。

第一条 工程项目

1. 工程名称：凯旋门；

2. 承包范围和内容：工程文件中所包含所有内容以及临时甲方的变更要求；

3. 工程造价：___320___ 万元人民币。

第二条 施工准备

1. 发包方：记录承包方的计划利润，将在完工时与实际利润进行比较。

	1 月	2 月	3 月	4 月	总计
计划收入	40	160	120		320
计划成本	29	131	101		261
计划利润	11	29	19		59

公司借款数目：___80___ 万元人民币；

本项目部的计划利润为：___59___ 万元人民币。

2. 承包方：负责施工工程文件中所涵盖所有施工内容。

第三条 施工期限

1. 工期要求：___12___ 周，每月按照 4 周计算；

2. 工期奖罚：竣工每延误 1 周，罚款 10 万；每提前 1 周，奖励 5 万。

第四条 工程价款支付和计算：见前一章所述沙盘基本规则之报量规则。

第五条 变更与索赔

1. 承包合同为总价合同，其中已经包含材料涨幅因素，如果实际市场价格变化幅度小于合同因素的 5%，则不予索赔；大于 5% 的，视情况给以索赔；

2. 由于总工期限制中已经包含对意外事件影响的考虑，所以一般可预见性的天气因素不给予索赔，历史罕见或者不可预见性意外事件，甲方视情况给以索赔，比如历史罕见暴雨等；

3. 由于甲方原因发生工程变更的，视情况双方协商制定变更手续。

甲方   乙方

发包方签名：   承包方签名：

2.3.2 项目第 1 月第 1、2、3 周操作（示范过程）

（1）沙盘操作表（第 1 月）

项目经理根据以下沙盘操作表，每读一项操作任务，指挥项目团队成员进行操作：

沙盘操作表

序号	任务清单	完成请打"√"				
	项目计划阶段：	使用单据/表	第 1 月			
1	申请公司借款	贷款/还款申请单	☐			
2	临时设施搭建	临设申请单	☐			
	项目施工阶段(每月)：					
1	申请银行贷款	贷款申请单	☐			
2	采购钢筋原材、水泥原材、砂石原材	原材料采购申请/结算单	☐			
	项目施工阶段(每周)：					
1	雨季施工措施投入/安全施工措施投入	支付单	☐	☐	☐	☐
2	钢筋加工完成/上周订购的钢筋成品到场		☐	☐	☐	☐
3	混凝土加工完成/上周订购的混凝土成品到场		☐	☐	☐	☐
4	生产区在施工序完成施工(上周在施工序本周完成施工)		☐	☐	☐	☐
5	劳务班组退回宿舍/拆除模板必须先退至库房		☐	☐	☐	☐
6	现场劳务班组、模板、机械申请出场(从盘面撤离出场)	出场单	☐	☐	☐	☐
7	新的劳务班组、模板、机械申请进场(盘面外托盘处新进)	劳务班组、周转材料进场申请单/机械租赁申请单	☐	☐	☐	☐
8	开始新的钢筋加工/订购新的钢筋成品	成品订购申请/结算单	☐	☐	☐	☐
9	开始新的混凝土搅拌/订购新的混凝土成品	成品订购申请/结算单	☐	☐	☐	☐
10	开始新的施工任务/配置劳务班组/配置水电	放置构件卡/填写派工单	☐	☐	☐	☐
11	施工领用材料(材料出库)/成品材料进入成品库/进废料场		☐	☐	☐	☐
12	支出宿舍闲置劳务班组待工费/风险事件判断	支付单	☐	☐	☐	☐
	项目施工阶段(月末)：					
1	工程量统计	工程量统计表				☐
2	甲方报量/申请项目进度款/支出税金	进度款申请/其他收入单				☐
3	资产变卖(竣工后方能进行统一变卖)	进度款申请/其他收入单				☐
4	支付上月欠付利息	支付单				☐
5	劳务班组工费结算/支付/选择欠付	劳务结算单、支付单				☐
6	模板租赁结算/支欠付、机械租赁费结算/支付	周转、机械结算单/支付单				☐
7	现场管理费支付	支付单				☐
8	欠付还款	支付单				☐
9	支付贷款利息/归还贷款	支付单				☐
10	期间封账/经营核算	经营核算表格				☐

（2）第1月第1、2周操作详细描述

鉴于项目团队均为第一次操作沙盘项目，公司总经理（老师）即将带领大家进行一个月的示范操作，其操作过程以及所填写的单据样式如下：

第1周——项目计划阶段：

①公司借款：

A.操作决策：根据之前公司所作的项目策划结果，决定向公司借款80万；

B.操作方法：

ⅰ.由财务经理填写《贷款/还款申请单》并签字；

第1组	贷款/还款申请单			第1周
贷款类型		贷款数目	还款数目	申请日期
☒公司　　□银行　　□高利贷		80万	/	第1周
项目经理：			财务经理：	

ⅱ.经项目经理批准签字后，财务撕下粉联，从盘面之外币子架上取4桶（80个）灰色币子，放到盘面资金管理区—现金区上；同时取4桶（80个）绿色币子放到盘面资金管理区—公司借款区上；

ⅲ.项目经理凭借财务经理所提交的《贷款/还款申请单》，将贷款内容及数量填写到《月度项目报告》，并在操作表此步骤方格处打"√"。

②临时设施搭建：

A.操作决策：根据公司所策划的项目方案，需要建造10t的钢筋原材库房/10t的钢筋成品库房/10m² 的模板库房/3组容量的劳务宿舍；

B.操作方法：

ⅰ.由生产经理填写《临时设施建造申请单》并签字，其中建造费用将根据前一章所描述的沙盘规则之市场分析中的价格规定，需6万费用；

第1组	临时设施建造申请单	第1周
临时设施名称	容量要求	建造费用支付
钢筋原材库房	10t	1万
钢筋成品库房	10t	1万
水泥库房		
砂石库房		
模板库房	10m²	1万
劳务宿舍	3组	3万
（财务经理支付，并在现金流量表作记录）合计支付金额		6万
项目经理：　　　　　　　　　财务经理：　　　　　　　　　生产经理：		

ⅱ.经项目经理批准签字后，向财务经理申请6万元现金，财务经理签字，撕下粉联，并支付6万元，放到盘面"结算区—临设费"处，代表此6万元现金已经支出，不能再用于项目运

作,同时从卡片盒里拿出相应的临设卡片,放到盘面相应临时设施区—临设标识上;

ⅲ.项目经理凭借财务经理所提交的《临时设施建造申请单》,将内容及数量填写到《月度项目报告》,并在操作表此步骤方格处打"√"。

第 1 周——项目实施阶段(月初):

①申请银行贷款:

A.操作决策:根据公司的项目策划,本月不需要银行贷款;

B.操作方法:在操作表此步骤方格上打"×"。

②原材料(钢筋、水泥、砂石)采购:

A.操作决策:本月需要购买 10t 钢筋原材;

B.操作方法:

ⅰ.采购经理填写《原材料采购申请/支付单》并签字,其中市场价将根据前一章所描述的沙盘规则之市场分析中的价格规定,单价为 1 万元/t,总共需要 10 万元;

第 1 组	原材料采购申请/支付单		申请日期:第 1 周
材料名称	采购数量	市场单价	材料费支付
钢　筋	10t	1 万/t	10 万
水　泥			
砂　石			
(财务经理支付,并在现金流量表作记录)合计支付材料金额			10 万
项目经理:	财务经理:		采购经理:

ⅱ.经项目经理批准签字后,向财务经理申请 10 万元现金,财务经理审批签字,撕下粉联,支付 10 万元现金,放到盘面"结算区—材料结算"处,代表此 10 万元现金已经支出,不能再用于项目运作,同时取 10 个蓝色的币子放到钢筋原材库房;

ⅲ.项目经理凭借采购经理所提交的《原材料采购申请/结算单》,将内容及数量填写到《月度项目报告》,并在操作表此步骤方格处打"√"。

第 1 周——项目实施阶段(每周):

①雨季施工措施投入/安全施工措施投入:

A.操作决策:因从项目资料中看出,柱子绑钢筋工序安全施工等级为 1,所以本周决定投入安全施工措施费用 1 万元;

B.操作方法:

ⅰ.生产经理申请进行安全投入 1 万元,财务经理填写《支付单》;

组别:第 1 组	支付单		支付日期:第 1 周
费用项目	支付金额	费用项目	支付金额
贷款利息支出		劳务代工费	
欠付还款		安全投入	1
欠付利息		雨季投入	

续表

费用项目	支付金额	费用项目	支付金额
现场管理费		税金支出	
罚款支出		其他支出	
总　计			

项目经理：　　　　　　　　　　　　　　　　　　　　　财务经理：

ⅱ.经项目经理批准签字后，财务经理签字，撕下粉联，支付1万元现金，放到盘面"安全施工措施投入"处，代表此1万元现金已经支出，不能再用于项目运作；

ⅲ.项目经理将此步操作结果填写到《月度项目报告》，并在操作表此步骤方格处打"√"。

②钢筋加工完成/上周订购的钢筋成品到场：

A.操作决策：因上周没有开始加工钢筋，或者订购成品钢筋，所以本周没有加工完成钢筋或者成品钢筋到场；

B.操作方法：在操作表此步骤第1周方格上打"×"。

③混凝土加工完成/上周订购的混凝土成品到场：

A.操作决策：原理同钢筋，本周没有完成加工混凝土或者成品混凝土到场；

B.操作方法：在操作表此步骤第一周方格上打"×"。

④生产区在施工序完成施工（上周在施工序本周完成施工）：

A.操作决策：因上周没有开始施工任何工序，所以本周没有完成施工工序；

B.操作方法：在操作表此步骤第1周方格上打"×"。

⑤劳务班组退回宿舍/拆除模板必须先退至库房：

A.操作决策：生产区没有完成的施工工序，所以此步骤不需要操作；

B.操作方法：在操作表此步骤第1周方格上打"×"。

⑥现场劳务班组、模板、机械申请出场（从盘面撤离出场）：

A.操作决策：现场没有需要出场的任何资源；

B.操作方法：在操作表此步骤第1周方格上打"×"。

⑦新的劳务班组、模板、机械申请进场（从盘面外托盘处新进）：

A.操作决策：根据项目情况，首先应开始施工基础的绑钢筋工作，所以本周需要加工钢筋，即需要进场钢筋加工机械，与此同时还需要进场发电机和供水泵机；

B.操作方法：

ⅰ.采购经理填写《机械租赁申请单》并签字，其中市场单价将参考前一章所描述的沙盘规则之市场分析中的价格规定；

第1组		机械租赁申请单		第1周
机械名称	机械产能	进场机械数量	租赁单价	进场费支付
钢筋加工	5t/周	1		2万
发电机组（小）	20kW	1		2万

续表

机械名称	机械产能	进场机械数量	租赁单价	进场费支付
供水泵机(小)	10m³	1		2 万
(财务经理支付,并在现金流量表作记录)合计支付进场费金额				6 万
项目经理:　　　　　财务经理:　　　　　采购经理:				

ⅱ. 经项目经理批准签字后,向财务经理申请机械进场费,财务经理签字,撕下粉联,支付6 万元,放到盘面"结算区—机械结算"处,同时取 3 张相应机械卡片放到盘面相应机械标识处,取 20 个红色币子(20kW 的发电机)和 10 个黄色的币子(10m³ 的供水泵机),先分别放到发电机和供水泵机卡片上,然后按照现场其他资源如临时设施、钢筋加工机械卡片上所描述需要的能源数量,将红色币子和黄色币子分发下去;

ⅲ. 项目经理凭借采购经理所提交的《机械租赁申请单》,将内容及数量填写到《月度项目报告》,并在操作表此步骤方格处打"√"。

⑧开始新的钢筋加工/订购新的钢筋成品:

A. 操作决策:因现场具备了钢筋原材料、加工钢筋的机械并且电力资源充足,所以满足了加工钢筋的条件,钢筋加工机械的产能是 5t/周,所以本周开始加工钢筋 5t;

B. 操作方法:

ⅰ. 生产经理从库房领取 5t 钢筋原材,放入钢筋加工机械"正在加工"一格,代表本周开始加工 5t 钢筋原材;

ⅱ. 在操作表此步骤第 1 周方格上打"√"。

⑨开始新的混凝土搅拌/订购新的混凝土成品:

A. 操作决策:因项目下周并没有浇筑混凝土的工序,所以不需要准备混凝土;

B. 操作方法:在操作表此步骤第 1 周方格上打"×"。

⑩开始新的施工任务/配置劳务班组/配置水电:

A. 操作决策:因本周没有成品材料、也没有任何劳务资源,本周无法开始新的施工任务;

B. 操作方法:在操作表此步骤第 1 周方格上打"×"。

⑪施工领用材料(材料出库)/成品材料进入成品库/进废料场:

A. 操作决策:因本周没有新开始的施工任务,也就无法领用材料;

B. 操作方法:在操作表此步骤第 1 周方格上打"×"。

⑫支出宿舍闲置劳务班组待工费/风险事件判断:

A. 操作决策:本周没有闲置劳务班组,也没有风险事件;

B. 操作方法:在操作表此步骤第 1 周方格上打"×"。

第 2 周——项目实施阶段(每周):

①雨季施工措施投入/安全施工措施投入:

A. 操作决策:因从项目资料中看出,柱子所有施工工序安全风险等级均为 1,第一周已投入 1 万元,目前满足安全风险投入,本周内暂不考虑投入;

B. 操作方法:在操作表此步骤第 2 周方格上打"×"。

②钢筋加工完成/上周订购的钢筋成品到场:

A.操作决策：因上周开始加工 5t 钢筋原材，期间并未发生任何风险事件，所以本周这批钢筋已经加工完成；

B.操作方法：

ⅰ.将正在加工的 5t 钢筋按箭头方向前进至"完成加工"一格；

ⅱ.在操作表此步骤第 2 周方格上打"√"。

③混凝土加工完成/上周订购的混凝土成品到场：

A.操作决策：上周没有加工混凝土或者预定成品混凝土，不进行操作；

B.操作方法：在操作表此步骤第 2 周方格上打"×"。

④生产区在施工序完成施工(上周在施工序本周完成施工)：

A.操作决策：因上周没有开始施工任何工序，所以本周没有完成施工工序；

B.操作方法：在操作表此步骤第 2 周方格上打"×"。

⑤劳务班组退回宿舍/拆除模板必须先退至库房：

A.操作决策：生产区没有完成的施工工序，所以此步骤不需要操作；

B.操作方法：在操作表此步骤第 2 周方格上打"×"。

⑥现场劳务班组、模板、机械申请出场(从盘面撤离出场)：

A.操作决策：现场没有需要出场的任何资源；

B.操作方法：在操作表此步骤第 2 周方格上打"×"。

⑦新的劳务班组、模板、机械申请进场(从盘面外托盘处新进)：

A.操作决策：因为已经有 5t 成品钢筋，具备基础的绑钢筋工序开工条件，所以需要钢筋劳务班组进场来进行基础绑钢筋工序的开展；

B.操作方法：

ⅰ.生产经理填写《劳务班组进出场申请单》并签字，其中市场价格将参考前一章所描述的沙盘规则之市场分析中的价格规定；

第 1 组	劳务班组进出场申请单			第 2 周
劳务班组名称	班组产能	进场班组数量	出场班组数量	进出场费支付
钢筋劳务班组	5t/周	1 组		2 万
(财务经理支付,并在现金流量表作记录)合计支付进出场费金额				2 万
项目经理：		财务经理：		生产经理：

ⅱ.经项目经理批准签字后，生产经理向财务经理申请 2 万元，财务经理签字，撕下粉联，支付 2 万劳务班组进场运输费，放置到盘面"结算区—劳务结算"处，代表此 2 万元现金已经支出，不能再用于项目运作，同时取回一个钢筋劳务班组卡片放到"劳务宿舍"，代表钢筋劳务班组已经进入现场待命；

ⅲ.项目经理凭借生产经理所提交的《劳务班组进出场申请单》，将内容及数量填写到

《月度项目报告》,并在操作表此步骤第 2 周方格上打"√"。

⑧开始新的钢筋加工/订购新的钢筋成品:

A. 操作决策:因现场具备了钢筋原材料、加工钢筋加工的机械并且电力资源充足,所以满足了加工钢筋的条件,钢筋加工机械的产能是 5t/周,所以本周继续开始加工钢筋 5t;

B. 操作方法:

ⅰ. 生产经理从库房领取 5t 钢筋原材,放入钢筋加工机械"正在加工"一格,代表本周开始加工 5t 钢筋原材;

ⅱ. 项目经理在操作表此步骤第 2 周方格上打"√"。

⑨开始新的混凝土搅拌/订购新的混凝土成品:

A. 操作决策:因项目下周并没有浇筑混凝土的工序,所以不需要准备混凝土;

B. 操作方法:在操作表此步骤第 2 周方格上打"×"。

⑩开始新的施工任务/配置劳务班组/配置水电:

A. 操作决策:因现场已具备钢筋劳务班组,具备加工完成钢筋材料,并且能源充足,具备开工基础绑钢筋的工序;

B. 操作方法:

ⅰ. 生产经理将即将施工的工程项目构件卡—基础构件卡放到盘面"生产区—构件标示"处;

ⅱ. 生产经理填写《工程派工单》并签字,项目经理审批签字后,将下联放到盘面"生产区"与构件卡相对应的"工序—1"处,上联自己留用,其中构件工序总工程量将参考本工程基本资料之工程量的描述,或者根据所施工构件—基础构件卡上数据填写;

第 1 组	工程派工单		派工日期:第 2 周
班组编号	施工工序编号	工序总工程量	本周完成工程量
GJ-1	JC-1-1	5t	5t
项目经理:			生产经理:

ⅲ. 将"劳务宿舍"中"钢筋劳务班组"挪动到"生产区—劳务班组"处,代表已经将此基础绑钢筋工作派发给"钢筋劳务班组";

ⅳ. 在操作表此步骤第 2 周方格上打"√"。

⑪施工领用材料(材料出库)/成品材料进入成品库/进废料场:

A. 操作决策:将加工完成的 5t 钢筋材料发给钢筋劳务班组来进行施工;

B. 操作方法:

ⅰ. 将"钢筋加工区—加工完成"的 5t 钢筋材料挪到"生产区—工序—1"派工单上,代表将材料发给钢筋劳务班组,正式开始绑扎钢筋;

ⅱ. 在操作表此步骤第 2 周方格上打"√"。

⑫支出宿舍闲置劳务班组待工费/风险事件判断:

A. 操作决策:本周没有闲置劳务班组,也没有风险事件;

B. 操作方法:在操作表此步骤第 2 周方格上打"×"。

第 3 周——项目实施阶段（每周）：

①雨季施工措施投入／安全施工措施投入：

操作方法：在操作表此步骤第 3 周方格上打"×"

A. 操作决策：因从项目资料中看出，柱子所有施工工序安全风险等级均为 1，第一周已投入 1 万元，目前满足安全风险投入，本周内暂不考虑投入；

B. 操作方法：在操作表此步骤第 3 周方格上打"×"。

②钢筋加工完成／上周订购的钢筋成品到场：

A. 操作决策：因上周开始加工 5t 钢筋原材，期间并未发生任何风险事件，所以本周这批钢筋已经加工完成；

B. 操作方法：

ⅰ. 将正在加工的 5t 钢筋按箭头方向前进至"完成加工"一格；

ⅱ. 在操作表此步骤第 3 周方格上打"√"。

③混凝土加工完成／上周订购的混凝土成品到场：

A. 操作决策：上周没有加工混凝土或者预定成品混凝土，不进行操作；

B. 操作方法：在操作表此步骤第 3 周方格上打"×"。

④生产区在施工序完成施工（上周在施工序本周完成施工）：

A. 操作决策：上周开始了基础绑钢筋的工序，期间并未发生任何风险事件，所以此工序本周顺利完成施工；

B. 操作方法：

ⅰ. 将"生产区—工序—1"派工单上的钢筋材料前进至"生产区—构件标识"处的基础构件卡—绑钢筋上，代表此 5t 钢筋已经绑扎完毕；

ⅱ. 在操作表此步骤第 3 周方格上打"√"。

⑤劳务班组退回宿舍／拆除模板必须先退至库房：

A. 操作决策：通过查看构件卡，基础绑钢筋工序总工程量为 5t，现在已经全部完成，可以进行下一个工序，即支模板工序，所以将钢筋劳务班组退回宿舍；

B. 操作方法：

ⅰ. 将盘面"生产区—劳务班组"处钢筋劳务班组挪回"劳务宿舍"；

ⅱ. 在操作表此步骤第 3 周方格上打"√"。

⑥现场劳务班组、模板、机械申请出场（从盘面撤离出场）：

A. 操作决策：现场没有需要出场的任何资源；

B. 操作方法：在操作表此步骤第 3 周方格上打"×"。

⑦新的劳务班组、模板、机械申请进场（从盘面外托盘处新进）：

A. 操作决策：因为马上要进行基础支模板工序的施工，所以需要模板材料以及模板工进入现场来进行基础支模板工序；

B. 操作方法：

ⅰ. 生产经理填写《劳务班组进出场申请单》，其中市场价格将参考前一章所描述的沙盘规则之市场分析中的价格规定。

第1组		劳务班组进出场申请单		第3周
劳务班组名称	班组产能	进场班组数量	出场班组数量	进出场费支付
模板劳务班组	5m²/周	1组		2万
（财务经理支付,并在现金流量表作记录）合计支付进出场费金额				2万
项目经理:		财务经理:		生产经理:

ⅱ.经项目经理批准签字后,生产经理向财务经理申请,财务经理签字,撕下粉联,并支付2万元劳务班组进场运输费,放置到盘面"结算区—劳务费"处,同时取回一个模板劳务班组卡片放到"劳务宿舍",代表模板劳务班组已经进入现场待命;

ⅲ.采购经理填写《周转材料租赁申请单》并签字,其中市场价格参考前一章所描述的沙盘规则之市场分析中的价格规定;

第1组		周转材料租赁申请单		第3周
材料名称	单位	租赁数量	租赁单价	运输费
模板	m²	10	0.2万元/(m²·周)	2万
项目经理:		财务经理:		采购经理:

ⅳ.经项目经理批准签字后,采购经理向财务经理申请,财务经理签字,撕下粉联,并支付2万元模板运输费,放置到盘面"结算区—周转费用"处,同时取回10个橙色币子放到"模板库房",代表模板已经进入现场库房;

ⅴ.项目经理凭借生产经理所提交的《劳务班组进场申请单》和采购经理所提供的《周转材料租赁申请单》,将内容及数量填写到《月度项目报告》中,并在操作表此步骤第3周方格上打"√"。

⑧开始新的钢筋加工/订购新的钢筋成品:

A.操作决策:虽然现场具备加工钢筋的机械并且电力资源充足,但是现场钢筋原材料已经加工完毕、不满足继续加工钢筋的条件,所以本周无法加工钢筋;

B.操作方法:项目经理在操作表此步骤第3周方格上打"×"。

⑨开始新的混凝土搅拌/订购新的混凝土成品:

A.操作决策:根据构件卡片上数据,支模板工序总工程量为5m²,一周时间即可施工完毕,下周即将可以开始浇筑混凝土的工序,又因为混凝土劳务班组每周的产能是10m³/周,基础构件混凝土工序总工程量也为10m³,所以下周需要预定10m³的成品混凝土,并且项目部并没有租赁混凝土搅拌机械,所以只能预定10m³成品混凝土;

B.操作方法:

ⅰ.采购经理填写《成品订购申请/支付单》并签字,其中市场价格将参考前一章所描述的沙盘规则之市场分析中的价格规定;

第1组		成品订购申请/支付单		第3周
成品材料名称	采购数量	市场单价	材料费支付	
成品钢筋				
成品混凝土	10m³	1.4万/m³	14万	
（财务经理支付，并在现金流量表作记录）合计支付成品材料费金额				14万

项目经理：　　　　　　　　　　　财务经理：　　　　　　　　　采购经理：

ⅱ.经项目经理批准签字后，采购经理向财务经理申请，财务经理签字，撕下粉联，支付14万元材料费，放置到盘面"结算区—材料结算"处，同时取回5个粉色币子和5个紫色币子放到"混凝土成品—预定成品"处，代表已经预定成品混凝土；

ⅲ.项目经理凭借采购经理所提供的《成品订购申请/结算单》，将内容及数量填写到《月度项目报告》中，并在操作表此步骤第3周方格上打"√"。

⑩开始新的施工任务/配置劳务班组/配置水电：

A.操作决策：因现场已具备模板劳务班组，具备模板材料，并且能源充足，现场具备开工基础支模板的工序；

B.操作方法：

ⅰ.生产经理填写《工程派工单》并签字，项目经理审批签字，将下联放到盘面"生产区"与构件卡相对应的"工序—2"处，上联自己留用，其中构件工序总工程量将参考本工程基本资料之工程量的描述，或者根据所施工构件—基础构件卡上数据填写；

第1组		工程派工单		派工日期：第3周
班组编号	施工工序编号	工序总工程量	本周完成工程量	
MB-1	JC-1-2	5m²	5m²	

项目经理：　　　　　　　　　　　　　　　　　　　　　生产经理：

ⅱ.将"劳务宿舍"中"模板劳务班组"挪动到"生产区—劳务班组"处，代表已经将此基础支模板工作派发给"模板劳务班组"；

ⅲ.在操作表此步骤第3周方格上打"√"。

⑪施工领用材料（材料出库）/成品材料进入成品库/进废料场：

A.操作决策：将模板库房里的模板发给钢筋劳务班组5m²来进行施工，同时本周加工完成的钢筋材料因工程本周无法使用，所以将此材料进入"钢筋成品库房"进行保存，以防发生材料损失；

B.操作方法：

ⅰ.将"模板库房"里的5m²模板材料挪到"生产区—工序—2"派工单上，代表将材料发给模板劳务班组，正式开始支模板；

ⅱ.将"钢筋加工区—加工完成"处5个钢筋币挪到"钢筋成品库房"；

ⅲ.在操作表此步骤第3周方格上打"√"。

⑫支出宿舍闲置劳务班组待工费/风险事件判断：

A. 操作决策:本周劳务宿舍里有钢筋劳务班组闲置所以需要支出劳务班组待工费,支出方法将按照前一章所描述的沙盘规则之市场分析中的价格规定每个劳务班组待工每周待工费 3 万元,除此之外项目没有风险事件;

B. 操作方法:

ⅰ. 经营经理向财务经理申请 3 万元劳务班组待工费,放置到盘面"结算区—劳务结算"处,代表已经支出 3 万元劳务班组待工费;

ⅱ. 项目经理凭支出待工费数目填写到《月度项目报告》中,并且在操作表此步骤第 3 周方格上打"√"。

2.4 操作体验

在老师的带领下进行了前三周的操作之后,接下来第四周的操作过程由学生自主完成。为便于学生对照检查,在这里还是把第四周的操作过程详细描述一下。

第 4 周——项目实施阶段(每周):

①雨季施工措施投入/安全施工措施投入:

A. 操作决策:因从项目资料中看出,柱子所有施工工序安全风险等级均为 1,第一周已投入 1 万元,目前满足安全风险投入,本周内暂不考虑投入;

B. 操作方法:在操作表此步骤第 4 周方格上打"×"。

②钢筋加工完成/上周订购的钢筋成品到场:

A. 操作决策:因上周没有开始加工钢筋,或者订购成品钢筋,所以本周没有加工完成钢筋或者成品钢筋到场;

B. 操作方法:在操作表此步骤第 4 周方格上打"×"。

③混凝土加工完成/上周订购的混凝土成品到场:

A. 操作决策:上周订购了 10m³ 混凝土,因期间并没有发生任何受影响的风险事件,本周将完成加工;

B. 操作方法:

ⅰ. 将"混凝土搅拌区—订购成品"处 10m³ 混凝土前进至"成品到场";

ⅱ. 在操作表此步骤第 4 周方格上打"√"。

④生产区在施工序完成施工(上周在施工序本周完成施工):

A. 操作决策:上周开始了基础支模板的工序,期间并未发生任何风险事件,所以此工序本周顺利完成施工;

B. 操作方法:

ⅰ. 将"生产区—工序—2"派工单上的模板材料前进至"生产区—构件标识"处的基础构件卡—支模板上,代表此 5m² 模板已经施工完毕;

ⅱ. 在操作表此步骤第 4 周方格上打"√"。

⑤劳务班组退回宿舍/拆除模板必须先退至库房:

A. 操作决策:通过查看构件卡,基础支模板工序总工程量为 5m²,现在已经全部完成,可以进行下一个工序,即浇筑混凝土工序,所以将模板劳务班组退回劳务宿舍;

B.操作方法：

ⅰ.将盘面"生产区—劳务班组"处模板劳务班组挪回"劳务宿舍"；

ⅱ.在操作表此步骤第4周方格上打"√"。

⑥现场劳务班组、模板、机械申请出场（从盘面撤离出场）：

A.操作决策：现场没有需要出场的任何资源；

B.操作方法：在操作表此步骤第4周方格上打"×"。

⑦新的劳务班组、模板、机械申请进场（从盘面外托盘处新进）：

A.操作决策：因为马上要进行基础浇筑混凝土工序的施工，所以需要混凝土工进入现场来进行基础浇筑混凝土工序；

B.操作方法：

ⅰ.生产经理填写《劳务班组进出场申请单》并签字，其中市场价格将参考前一章所描述的沙盘规则之市场分析中的价格规定；

第1组	劳务班组进出场申请单			第4周
劳务班组名称	班组产能	进场班组数量	出场班组数量	进出场费支付
混凝土劳务班组	$10m^3$/周	1		2万
（财务经理支付，并在现金流量表作记录）合计支付进出场费金额				2万
项目经理：		财务经理：		生产经理：

ⅱ.经项目经理批准签字后后，生产经理向财务经理申请，财务经理签字，撕下粉联，支付2万元劳务班组进场运输费，放置到盘面"结算区—劳务费"处，同时取回一个混凝土劳务班组卡片放到"劳务宿舍"，代表混凝土劳务班组已经进入现场待命；

ⅲ.项目经理凭借生产经理所提交的《劳务班组进场申请单》，将内容及数量填写到《月度项目报告》中，并在操作表此步骤第4周方格上打"√"。

⑧开始新的钢筋加工/订购新的钢筋成品：

A.操作决策：虽然现场具备加工钢筋的机械并且电力资源充足，但是现场钢筋原材料已经加工完毕、不满足继续加工钢筋的条件，所以本周无法加工钢筋；

B.操作方法：项目经理在操作表此步骤第4周方格上打"×"。

⑨开始新的混凝土搅拌/订购新的混凝土成品：

A.操作决策：因项目下周并没有浇筑混凝土的工序，所以不需要准备混凝土；

B.操作方法：项目经理在操作表此步骤第4周方格上打"×"。

⑩开始新的施工任务/配置劳务班组/配置水电：

A.操作决策：因现场已具备混凝土劳务班组，成品混凝土已到场，并且能源充足，具备开工基础的浇筑混凝土工序；

B.操作方法：

ⅰ. 生产经理填写《工程派工单》并签字,项目经理审批签字,将下联放到盘面"生产区"与构件卡相对应的"工序—3"处,上联自己留用,其中构件工序总工程量将参考本工程基本资料之工程量的描述,或者根据所施工构件—基础构件卡上数据填写;

第 1 组	工程派工单		第 4 周
班组编号	施工工序编号	工序总工程量	本周完成工程量
HNT-1	JC-1-3	10m³	10m³
项目经理:			生产经理:

ⅱ. 将"劳务宿舍"中"混凝土劳务班组"挪动到"生产区—劳务班组"处,代表已经将此基础浇筑混凝土工作派发给"混凝土劳务班组";

ⅲ. 在操作表此步骤第 4 周方格上打"√"。

⑪施工领用材料(材料出库)/成品材料进入成品库/进废料场:

A. 操作决策:将已经到场的 10m³ 成品混凝土发给混凝土劳务班组进行施工;

B. 操作方法:

ⅰ. 将"混凝土搅拌区—成品到场"里的 10m³ 成品混凝土材料挪到"生产区—工序—3"派工单上,代表将材料发给混凝土劳务班组,开始施工;

ⅱ. 在操作表此步骤第 4 周方格上打"√"。

⑫支出宿舍闲置劳务班组待工费/风险事件判断:

A. 操作决策:本周劳务宿舍里有闲置钢筋劳务班组和模板劳务班组各一支,所以需要支出劳务班组待工费,支出方法将按照前一章所描述的沙盘规则之市场分析中的价格规定每个劳务班组待工每周待工费 3 万元,除此之外项目没有风险事件;

第 1 组	支付单		第 4 周
费用项目	支付金额	费用项目	支付金额
贷款利息支出		劳务待工费	6 万
欠付还款		安全投入	
欠付利息		雨季投入	
现场管理费		税金支出	
罚款支出		其他支出	
总计	6 万		
项目经理:			财务经理:

B. 操作方法:

ⅰ. 财务经理申请 6 万元劳务班组待工费,填写《支付单》并签字,经项目经理审批签字后,支付 6 万元,放置到盘面"结算区—劳务结算"处,代表已经支出 6 万元劳务班组待工费;

ⅱ. 项目经理凭《支付单》支出待工费数目填写到《月度项目报告》中,并且在操作表此步骤第 4 周方格上打"√"。

2.5　结算体验

在操作完第四周的实施过程后,我们就结束了一个月的完整操作,接下来就是相关表格的填写与计算分析。这里,我们先学习有关月末结算表格的填写。

第4周——项目实施阶段(月末):

①工程量统计:

A.操作决策:统计本月项目完成情况以及所耗用材料情况;

B.操作方法:

ⅰ.由生产经理完成以下《工程量统计表》,并提交给项目经理查看,此表为本教程第40页内容,单据内无此表格;

项目工程量统计表　　　　　　　　　　　　第(1)月

项目已完工程量统计:

生产工序	本月已完成工程量	耗用材料数量					累计完成
		钢筋原材	水泥	砂石	钢筋成品	混凝土成品	
钢筋绑扎	5	5					5
模板支撑	5						5
混凝土浇筑							
合计		5					

项目在施工程量统计:

生产工序	本月在施工程量	耗用材料数量				
		钢筋原材	水泥	砂石	钢筋成品	混凝土成品
钢筋绑扎						
模板支撑						
混凝土浇筑	10					10
合计						

说明:

➤ 统计完成工程量遵循0～100%原则,即全部完成的工序纳入统计,否则计入在施工程量;

➤ 本表每月末填写一张;

➤ 此表填写依据为过程中所填写派工单。

ⅱ.项目经理根据《工程量统计表》将相关内容填写到《月度项目报告》中,并在操作表此步骤第4周方格上打"√"。

②甲方报量/申请项目进度款/支出税金:

A.操作决策:根据本周完成工程量,并且根据《工程项目信息——合同预算》中所规定的报量单价以及报量方式,向业主申请项目进度款;

B.操作方法:

ⅰ.经营经理根据《工程量统计表》及《合同预算》填写《进度款支付申请/其他收入单》并签字;

第1组	进度款支付申请/其他收入单		报量日期:第4周
施工工序	合同预算单价	本月完成工程量	收入金额
绑钢筋	4万元/t	5t	20万
支模板	4万元/m^2	5m^2	20万
浇筑混凝土	4万元/m^3	0	0
资产变卖			
其他收入			
应收总计			40万
项目经理:		财务经理:	经营经理:

ⅱ.经项目经理批准签字后,经营经理按照《进度款支付申请/其他收入单》上的金额,从托盘中取回相应数量的40个灰币,交给财务经理放到"资金管理区—现金"处,并在单据中签字;

第1组	支付单		第4周
费用项目	支付金额	费用项目	支付金额
贷款利息支出		劳务待工费	
欠付还款		安全投入	
欠付利息		雨季投入	
现场管理费		税金支出	1万
罚款支出		其他支出	
总计			1万
项目经理:			财务经理:

ⅲ.财务经理按照前一章费用支出规则之税金支出办法,支出1万元至盘面"结算区—税金";财务经理填写《支付单》并签字,经项目经理批准签字后,财务经理按照《支付单》中"支付金额",从盘面"资金管理区—现金"处拿出现金支付到盘面"结算区"相应费用结算处;

ⅳ.项目经理根据《甲方报量单》,将相关内容填写到《月度项目报告》中,并在操作表此步骤第4周方格上打"√"。

③劳务班组工费结算/支付单:

A.操作决策:劳务班组工费是根据其所完成工程量进行结算,所以经营经理根据《工程量统计表》及《市场分析》中劳务班组的单价以及结算方式,计算劳务班组的工费;

B.操作方法:

ⅰ.经营经理填写《劳务班组结算/支付单》并签字;

第1组		劳务班组结算/支付单			第4周
劳务班组名称	劳务费单价	完成工程量	劳务费结算	劳务费支付	劳务费欠付
钢筋劳务班组	1万/t	5t	5万		5万
模板劳务班组	1万/m²	5m²	5万		5万
混凝土劳务班组	1万/m³	0	0万		0万
总计			10万		10万

项目经理：　　　　　　　　　财务经理：　　　　　　　　　经营经理：

ⅱ. 经项目经理批准签字后，财务经理审批签字，选择欠付10万，并填写具体欠付金额，将《劳务结算/支付单》粉联撕下放置到盘面"结算区—劳务结算"处，然后从托盘处拿10个绿币放到盘面"资金管理区—劳务欠付"处，代表目前欠付劳务班组工费10万元；

ⅲ. 项目经理根据《劳务班组结算/支付单》，将相关内容填写到《月度项目报告》中，并在操作表此步骤第4周方格上打"√"。

④模板租赁费、机械租赁费结算/支付单：

A. 操作决策：模板及机械的租赁费是依据在场时间进行结算，经营经理根据《周转材料租赁申请单》《机械租赁申请单》以及市场分析中模板、机械的单价以及结算方式，分别计算其租赁费；

B. 操作方法：

ⅰ. 经营经理填写《周转材料结算/支付单》和《机械结算/支付单》并签字；

第1组		周转材料结算/支付单						第4周
材料名称	单价	数量	进场日期	出场日期	结算区间	租赁费结算	租赁费支付	租赁费欠付
模板	0.2万/(m²·周)	10m²	3		3—4	4万	4万	
总计						4万	4万	

项目经理：　　　　　　　　　财务经理：　　　　　　　　　经营经理：

第1组		机械结算/支付单					第4周
机械名称	租赁单价	进场日期	出场日期	结算区间	租赁费结算	租赁费支付	租赁费欠付
钢筋加工机械	1万元/周	第1周		1—4	4万	4万	
发电机组(小)	1万元/周	第1周		1—4	4万	4万	
供水泵机(小)	1万元/周	第1周		1—4	4万	4万	
总计					12万	12万	

项目经理：　　　　　　　　　财务经理：　　　　　　　　　经营经理：

ⅱ.经项目经理批准签字后,财务经理签字,对应结算金额,进行租赁费支付;

ⅲ.项目经理根据《周转材料结算/支付单》以及《机械结算/支付单》,将相关内容填写到《月度项目报告》中,并在操作表此步骤第 4 周方格上打"√"。

⑤支付现场管理费:

A.操作决策:依据现场劳务宿舍容量大小,参考市场规则分析资料,确定本月现场管理费金额;

B.操作步骤:

ⅰ.财务经理填写《支付单》并签字;

第1组		支付单	第4周
费用项目	支付金额	费用项目	支付金额
贷款利息支出		劳务待工费	
欠付还款		安全投入	
欠付利息		雨季投入	
现场管理费	6万	税金支出	
罚款支出		其他支出	
总计		6万	

项目经理:　　　　　　　　　　　　　　　　　　　　　　　　财务经理:

ⅱ.经项目经理批准签字后,财务经理按照《支付单》中"支付金额",从盘面"资金管理区—现金"处拿出现金分别支付到盘面"结算区"相应费用结算处;

ⅲ.项目经理根据《支付单》,将相关内容填写到《月度项目报告》中,并在操作表此步骤第 4 周方格上打"√"。

⑥欠付还款:

A.操作决策:决定是否进行欠付还款,本月不还款;

B.操作方法:在操作表此步骤第 4 周方格上打"×"。

⑦支付上月欠付利息:

A.操作决策:判定上月是否存在欠付,因是第一个月,故不存在支付欠付利息;

B.操作方法:在操作表此步骤第 4 周方格上打"×"。

⑧支付贷款利息/归还贷款:

A.操作决策:首先根据前一章沙盘规则之市场分析中关于融资渠道所描述的各种贷款利率的规定来支出贷款利息,再决定是否归还贷款,公司借款月利率为 5%,公司借款 80 万,所以支出 4 万元贷款利息,并且公司借款只能在项目竣工后偿还;

第1组		支付单	第4周
费用项目	支付金额	费用项目	支付金额
贷款利息支出	4万	劳务待工费	

续表

费用项目	支付金额	费用项目	支付金额
欠付还款		安全投入	
欠付利息		雨季投入	
现场管理费		税金支出	
罚款支出		其他支出	
总计		4 万	

项目经理：　　　　　　　　　　　　　　　　　　　　财务经理：

B. 操作方法：

ⅰ. 财务经理从盘面"资金管理区—现金"拿出 4 万元，放到盘面"资金管理区—公司借款利息"处，代表支出 4 万元贷款利息；

ⅱ. 项目经理将相关内容填写到《月度项目报告》中，并在操作表此步骤第 4 周方格上打"√"。

⑨资产变卖（竣工后方能进行统一变卖）：

A. 操作决策：决定是否变卖项目现有临时设施，本月不变卖；

B. 操作方法：在操作表此步骤第 4 周方格上打"×"。

第 1 个月月末相关表格。

（1）月度项目报告（第 1 月）

每个空格只填写数字，为 0 时不填写。

■我们需要向公司借款_____万元人民币

■本月申请银行贷款_____万元人民币

■临时设置建造计划：

临时设置名称	容量要求	建造费用	用电量	用水量
钢筋原材库房				
钢筋成品库房				
水泥库房				
砂石库房				
模板库房				
劳务库房				

■原材料采购：

月	原材料	采购数量
第一月	钢筋原材	
第一月	水泥原材	
第一月	砂石原材	

■本月风险预测措施投入：

周	安全投入	雨季投入
第1周		
第2周		
第3周		
第4周		

■本月现场劳务班组、模板、机械进出场：

◆劳务班组

		第1周	第2周	第3周	第4周
钢筋劳务班组	进场数量（个）				
	出场数量（个）				
模板劳务班组	进场数量（个）				
	出场数量（个）				
混凝土劳务班组	进场数量（个）				
	出场数量（个）				

◆模板

		第1周	第2周	第3周	第4周
模 板	进场数量（m²）				
	出场数量（m²）				

◆机械

		第1周	第2周	第3周	第4周
钢筋加工机械	进场数量（台）				
	出场数量（台）				
混凝土机械	进场数量（台）				
	出场数量（台）				
小型发电机	进场数量（台）				
	出场数量（台）				
大型发电机	进场数量（台）				
	出场数量（台）				
小型供水泵	进场数量（台）				
	出场数量（台）				
大型供水泵	进场数量（台）				
	出场数量（台）				

◆成品订购

	第1周	第2周	第3周	第4周
钢筋成品(t)				
混凝土成品(m³)				

◆本月因闲置劳务班组支出待工费

	第1周	第2周	第3周	第4周
钢筋班组(万元)				
模板班组(万元)				
混凝土班组(万元)				

■风险事件损失：

◆材料风险损耗

	第1周	第2周	第3周	第4周
钢筋原材(t)				
水泥原材(t)				
砂石原材(t)				
成品钢筋(t)				
成品混凝土(m³)				

◆其他支出_____万元人民币

■工程量统计：

工序名称	施工状态	1月
绑钢筋	已经完成(t)	
	正在施工(t)	
支模板	已经完成(m²)	
	正在施工(m²)	
浇筑混凝土	已经完成(m³)	
	正在施工(m³)	

■甲方报量：

◆本月报量收入_____万元人民币

◆本月税金支出_____万元人民币

■本月结算支付:

	结算金额	支付金额	本月欠付	欠付还款	支付上月欠付利息
劳务费用					
模板租赁费					
机械租赁费			/	/	/
现场管理费			/	/	/

结算金额:统计那些发生但还未支付的费用,运输费、待工费均已现金支付,故不作统计;
支付金额:对应本次结算金额所进行的支付,如果选择欠付,则在本月欠付体现;
欠付还款:是针对上月已选择欠付部分,在当月选择是否还款。

■本月贷款还款:

借贷方式		第1月
公司借款	还款金额	
	支付利息	
银行贷款	还款金额	
	支付利息	
高利贷	还款金额	
	支付利息	

◆本月项目其他收入_____万元人民币
◆本月月末现金结余_____万元人民币
◆本月月末利润数值_____万元人民币(保留两位小数)

(2)紧急措施操作报告(第1月)
■本月紧急申请高利贷_____万元
■本月紧急申请劳务班组进场:

劳务班组紧急进场数量	时间			
	第1周	第2周	第3周	第4周
钢筋班组(个)				
模板班组(个)				
混凝土班组(个)				
紧急运输费合计				

■本月紧急采购材料:

材料紧急采购数量	时间			
	第1周	第2周	第3周	第4周
钢筋原材(t)				

续表

材料紧急采购数量	时间			
	第1周	第2周	第3周	第4周
水泥原材(t)				
砂石原材(t)				
钢筋成品(t)				
混凝土成品(m³)				
采购金额				
紧急费用				

■本月紧急租赁模板：

模板紧急租赁数量	时间			
	第1周	第2周	第3周	第4周
模板(m²)				
运输费(万元)				

■本月紧急申请机械进场：

机械紧急进场数量	时间			
	第1周	第2周	第3周	第4周
钢筋加工机械(台)				
混凝土机械(台)				
小型发电机组(台)				
大型发电机组(台)				
小型供水泵机(台)				
大型供水泵机(台)				
额外运输费合计				

■本月紧急申请临设变更：

临时设施名称	现有容量	时间、变更容量			
		第1周	第2周	第3周	第4周
钢筋原材					
钢筋成品					
水泥库房					
砂石库房					
模板库房					
劳务宿舍					

临时设施名称	现有容量	时间、变更容量			
		第 1 周	第 2 周	第 3 周	第 4 周
费用合计					
月度费用合计					

（3）现金流量记录（第 1 月）

此表用于财务经理在操作过程中对发生的现金收入、支出作以记录。

现金流量表

	第 1 周	第 2 周	第 3 周	第 4 周	合计
一、报量前现金流入（CI）					
1.1　上期现金结转					
1.2　公司借款					
1.3　银行贷款					
1.4　高利贷					
二、报量前现金流出（CO）					
2.1　临设建造					
2.2　劳务班组进、出场运输费					
2.3　周转材料（模板）进、出场运输费					
2.4　机械进、出场运输费					
2.5　原材料（钢筋、水泥、砂石）采购					
2.6　风险投入					
2.7　预定成品钢筋或成品混凝土					
2.8　支出待工费					
三、月末报量前现金结余（一-二）					
四、报量后现金流入（CI）					
4.1　甲方报量					
4.2　资产变卖、其他收入					
五、月中现金结余（三+四）					
六、报量后现金流出（CO）					
6.1　税金支出					
6.2　劳务结算支付					
6.3　周转（模板租赁费）结算支付					
6.4　机械结算支付（租赁费）					
6.5　现场管理费支出					
6.6　偿还贷款					

续表

		第1周	第2周	第3周	第4周	合计
6.7	贷款利息支出					
6.8	劳务费、其他费用欠付还款					
6.9	欠付利息支出					
6.10	其他支出					
八、净现金流（CI-CO）						

（4）工程量统计表（第1月）

项目工程量统计表   第（1）月

项目已完工程量统计：

生产工序	本月已完成工程量	耗用材料数量					累计完成
		钢筋原材	水泥	砂石	钢筋成品	混凝土成品	
钢筋绑扎							
模板支撑							
混凝土浇筑							
合计							

项目在施工程量统计：

生产工序	本月在施工程量	耗用材料数量				
		钢筋原材	水泥	砂石	钢筋成品	混凝土成品
钢筋绑扎						
模板支撑						
混凝土浇筑						
合计						

说明：

➢ 统计完成工程量遵循0~100%原则，即全部完成的工序纳入统计，否则计入在施工程量；

➢ 本表每月末填写一张；

➢ 此表填写依据为过程中所填写派工单。

2.6 核算体验

月末结算完成之后，接下来就是根据相关表格进行成本统计与分析。对应于沙盘操作表的最后一步——期间封账/经营核算。

期间封账/经营核算：

A.操作决策：根据盘面现有状态，分别填写《现场材料耗料表》《成本统计表》《利润统计表》；

B.操作方法：

i．采购经理填写《现场材料耗料表》；

采购经理—现场材料耗料表

时间：第____月

材料名称	期初剩余			本月收料			本月耗料			本月风险损耗			期末剩余		
	数量	单价	金额	数量	单价	金额	数量	单价	金额	数量	单价	金额	数量	单价	金额
钢筋															
水泥															
砂石															
预定的钢筋成品															
预定的混凝土成品															
合计															

说明：

> 本表每月末填写一张；
> 期初剩余：期初剩余数量及金额等于上月期末剩余数量及金额；
> 本月收料：根据当月材料采购单以及现场成品材料消耗情况填写；
> 本月耗料：本月耗料数量见生产经理本月工程量统计表；
> 本月风险损耗：指如采现场因为发生风险事件或者现场维护现场材料而造成的材料意外损耗，则计入本月损耗；
> 期末剩余：指现场未完成工序所使用的材料，加工区材料及现场库存材料之和；
> 表格自检：期初剩余数量+本月收料数量=本月耗料数量+本月损耗数量+期末剩余数量；
> 表格自检：期初剩余金额+本月收料金额=本月耗料金额+本月损耗金额+期末剩余金额。

结论：

> 本月材料费成本为：本月耗料金额+本月损耗金额＝_____

ii.经营经理填写《成本统计表》;

经营经理—成本统计表

➢ 工程完成百分比: 时间:第(1)月

合同预算总额	本月收入	累计收入	本月完成百分比

➢ 人工费(劳务费)成本:

	本月结算单金额	本月运输费	本月待工费	欠付利息	成本合计
人工费用					

➢ 模板费成本:

	本月结算单金额	本月发生运输费	欠付利息	成本合计
模板费用				

➢ 机械费成本:
◆ 机械使用费成本(钢筋/混凝土加工机械)

本月结算单结算金额	本月发生运输费	成本合计

◆ 大型机械费(发电机/供水泵机)

本月结算单结算金额	本月发生运输费	成本合计

➢ 临设费用成本摊销:

临设总支出费用	本月完成百分比	本月摊销成本	剩余待摊金额

ⅲ．财务经理填写《利润统计表》。

财务经理—利润统计表　　　　　　　　第(1)月

费用项目	金额	数据说明
一、分部分项工程量(1+2+3+4)		
1.材料费		采购经理—耗料表
2.人工费		经营经理—成本统计表
3.机械使用费		经营经理—成本统计表
4.现场管理费		当月发生金额
二、措施项目(5+6+7+8+9)		
5.模板费用		经营经理—成本统计表
6.临设费(按本月摊销值计)		经营经理—成本统计表
7.大型机械费		经营经理—成本统计表
8.雨季、安全施工措施费		当月发生金额
9.贷款利息		当月发生金额
三、其他项目		其他支出
四、规费		无
五、税金		当月发生金额
六、合计(一+二+三+四+五)		
七、本月收入(10+11)		
10.报量收入		当月甲方报量金额
11.其他收入		合同预算之外收入
八、本月利润(七-六)		

说明：

➢ 本表由财务经理主填,需要其他岗位协助;

➢ 本表填写遵循2.8.2所示的成本核算原则。

2.7　软件操作

接下来,我们需要将第一月的数据录入到软件中。

(1)操作方法

➢ 从"开始—所有程序—广联达工程项目管理分析工具软件 GST-V3.0"打开软件程序,或双击桌面软件图标;

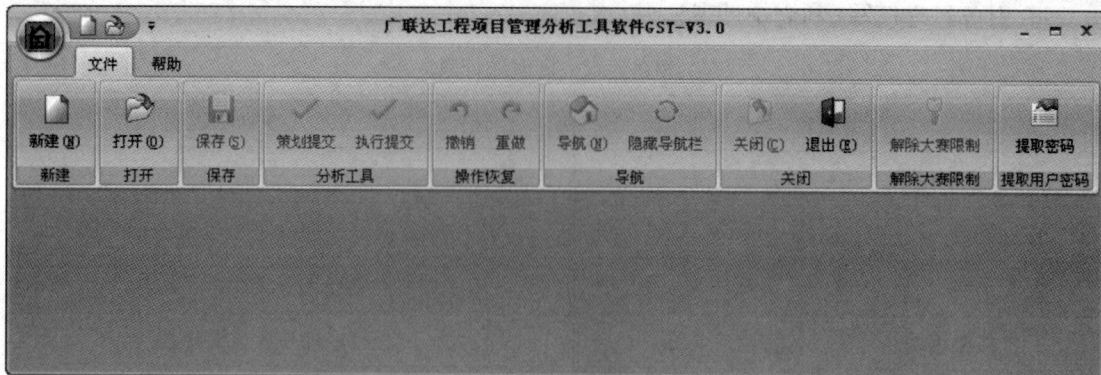

➤ 单击"新建"按钮,弹出工程案例项目列表框,会有对应的练习项目和大赛项目;选择"凯旋门(练习)"点击确定;

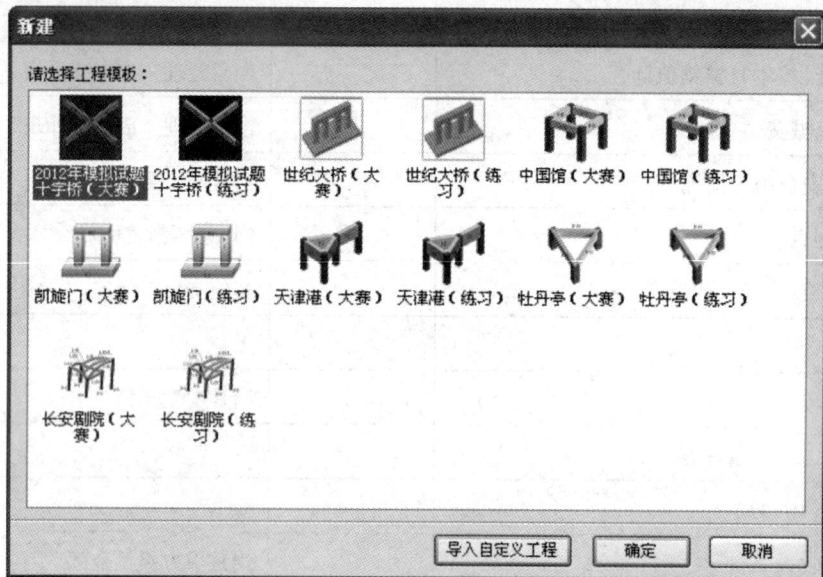

➤ 打开文件:鼠标选中"凯旋门(练习)",然后点击"确定",对应用户身份,学生身份第一次登录,需要注册用户名及密码,打开本次操作保存的文件时需要输入对应的账号和密码;

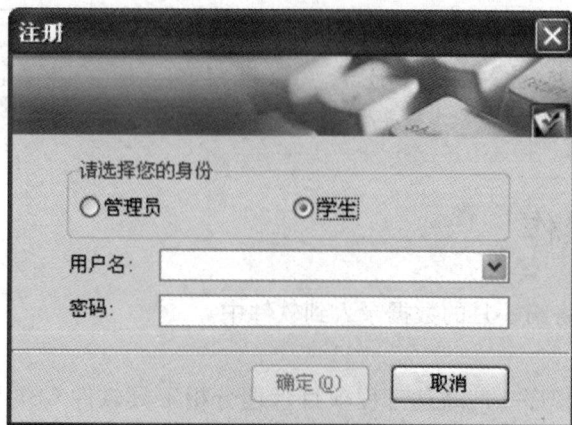

➤ 主界面:本分析工具含有以下两条主线四类选项:项目的策划及分析,项目的执行及分析;

➤ 项目策划:按岗位部门分别进行各职责范围策划数据的录入;

➤ 策划分析:各部门策划数据录入后的各项策划成果数据分析;

➤ 项目执行:在实际操作过程中按月度将当月操作数据录入;

➤ 执行分析:实际操作执行过程数据录入后的成果数据分析。

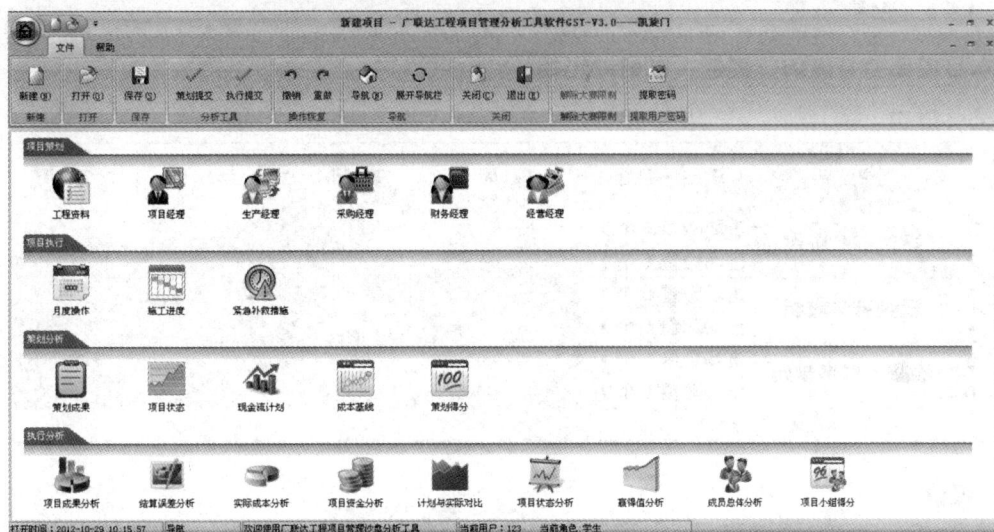

现在我们单击项目执行部分的"月度操作",将第 40 ~ 46 页中的数据录入到软件中。录入完成后,单击保存。

注意:下次打开保存文件时需要输入本次登录时填写的账号和密码。

(2)数据录入

录入的数据必须和操作过程一致,初次录入时,可以通过核查单据内容,达到正确录入的目的。后期可以边操作,边做相应记录,以保证数据正确填写。

第1个月 | 第2个月 | 第3个月

我们需要向公司借款: _____ 80 _____ 万人民币

本月申请银行贷款: _____ 万元

临时设施建造计划:

	临时设施名称	容量要求	建造费用	用电量	用水量
1	钢筋原材库房	10	1.00	1	0
2	钢筋成品库房	10	1.00	1	0
3	水泥库房		0.00	0	0
4	砂石库房		0.00	0	0
5	模板库房	10	1.00	1	0
6	劳务宿舍	3	3.00	3	3

原材料采购:

	月	原材料	采购数量
1	第1月	钢筋原材	10
2	第1月	水泥原材	
3	第1月	砂石原材	

本月风险预防措施投入：

	周	安全投入	雨季投入
1	第1周	1	
2	第2周		
3	第3周		
4	第4周		

本月现场劳务班组、模板、机械进出场：

劳务班组：

	劳务班组	进出场数量	第1周	第2周	第3周	第4周
1	钢筋劳务班组	进场数量（个）		1		
2		出场数量（个）				
3	模板劳务班组	进场数量（个）			1	
4		出场数量（个）				
5	混凝土劳务班组	进场数量（个）				1
6		出场数量（个）				

模板：

	模板	进出场数量	第1周	第2周	第3周	第4周
1	模板	进场数量（m²）			10	
2		出场数量（m²）				

机械：

	机械	进出场数量	第1周	第2周	第3周	第4周
1	钢筋加工机械	进场数量（台）	1			
2		出场数量（台）				
3	混凝土搅拌机械	进场数量（台）				
4		出场数量（台）				
5	小型发电机组	进场数量（台）	1			
6		出场数量（台）				
7	大型发电机组	进场数量（台）				
8		出场数量（台）				
9	小型供水泵机	进场数量（台）	1			
10		出场数量（台）				
11	大型供水泵机	进场数量（台）				
12		出场数量（台）				

成品订购：

	成品材料	订购数量	第1周	第2周	第3周	第4周
1	钢筋成品	订购数量（t）				
2	混凝土成品	订购数量（m³）			10	

本月因闲置劳务班组支出待工费：

	劳务班组	待工费	第1周	第2周	第3周	第4周
1	钢筋劳务班组	待工费（万元）			3.00	3.00
2	模板劳务班组	待工费（万元）				3.00
3	混凝土劳务班组	待工费（万元）				

		本月完成	紧急补救措施

风险事件损失：

原材损耗：

	原材	第1周	第2周	第3周	第4周
1	钢筋原材（t）				
2	水泥原材（t）				
3	砂石原材（t）				

成品损耗：

	成品材料	第1周	第2周	第3周	第4周
1	钢筋成品（t）				
2	混凝土成品（m³）				

其他支出：_____ 万元

工程量统计：

	工序名称	工序状态	第1月
1	绑钢筋	已经完成（t）	5
2		正在施工（t）	
3	支模板	已经完成（m²）	5
4		正在施工（m²）	
5	浇筑混凝土	已经完成（m³）	
6		正在施工（m³）	10

甲方报量：

本月报量收入：40.00 _____ 万元

本月支出税金：1.00 _____ 万元

本月结算支付：

	结算金额	支付金额	本月欠付	欠付还款	支付上月欠付利息
劳务费用	10.00		10		
模板租赁费	4.00	4			
机械租赁费	12.00	12.00			
现场管理费	6.00	6.00			

结算金额：统计那些发生但未支付的费用，运输费、待工费均已现金支付故不做统计；

支付金额：对应本次结算金额所进行的支付，如果选择欠付，则在本月欠付体现；

欠付还款：是针对上月已选择欠付部分，在当月选择是否还款；

本月还款：

	借贷方式		第1月
1	公司借款	还款金额	
2		支付利息	4.00
3	银行贷款	还款金额	
4		支付利息	
5	高利贷	还款金额	
6		支付利息	

填写本月其他收入：	0.00	万元
填写本月月末现金结余：	39.00	万元
填写本月计算项目利润：	−26.75	万元（小数点后保留两位有效数字）

（3）数据分析

完成本月数据录入后,点击"导航"按钮回到主界面,点击执行分析部分的"结算误差分析"核对电脑计算数据和手工填写数据对比是否有误;如存在错误,会显出红色提示,此时需要首先核查操作过程录入是否正确,然后核查各项结算费用。

2.8　远航试水

至此,我们已经按照沙盘操作表所列各项操作依次有序地实施了一遍,结束了本工程第一个月的操作任务,接下来,由学生根据沙盘操作表的提示,自主完成第二个月的操作。

2.8.1　项目第2月操作

（1）沙盘操作表（第2月）

沙盘操作表

序号	任务清单	完成请打"√"				
	项目计划阶段：	使用单据/表	第2月			
1	申请公司借款	贷款/还款申请单				
2	临时设施搭建	临设申请单				
	项目施工阶段（每月）：					
1	申请银行贷款	贷款申请单	□			
2	采购钢筋原材、水泥原材、砂石原材	原材料采购申请/结算单	□			
	项目施工阶段（每周）：					
1	雨季施工措施投入/安全施工措施投入	支付单	□	□	□	□
2	钢筋加工完成/上周订购的钢筋成品到场		□	□	□	□
3	混凝土加工完成/上周订购的混凝土成品到场		□	□	□	□
4	生产区在施工序完成施工（上周在施工序本周完成施工）		□	□	□	□
5	劳务班组退回宿舍/拆除模板必须先退至库房		□	□	□	□
6	现场劳务班组、模板、机械申请出场（从盘面撤离出场）	出场单	□	□	□	□
7	新的劳务班组、模板、机械申请进场（从盘面外托盘处新进）	劳务班组、周转材料进场申请单/机械租赁申请单	□	□	□	□
8	开始新的钢筋加工/订购新的钢筋成品	成品订购申请/结算单	□	□	□	□
9	开始新的混凝土搅拌/订购新的混凝土成品	成品订购申请/结算单	□	□	□	□
10	开始新的施工任务/配置劳务班组/配置水电	放置构件卡/填写派工单	□	□	□	□
11	施工领用材料（材料出库）/成品材料进入成品库/进废料场		□	□	□	□
12	支出宿舍闲置劳务班组待工费/风险事件判断	支付单	□	□	□	□

续表

序号	任务清单	完成请打"√"			
	项目施工阶段（月末）：				
1	工程量统计	工程量统计表			☐
2	甲方报量/申请项目进度款/支出税金	进度款申请/其他收入单			☐
3	资产变卖（竣工后方能进行统一变卖）	进度款申请/其他收入单			☐
4	支付上月欠付利息	支付单			☐
5	劳务班组工费结算/支付/选择欠付	劳务结算单、支付单			☐
6	模板租赁结算/支欠付、机械租赁费结算/支付	周转、机械结算单/支付单			☐
7	现场管理费支付	支付单			☐
8	欠付还款	支付单			☐
9	支付贷款利息/归还贷款	支付单			☐
10	期间封账/经营核算	经营核算表格			☐

（2）月度项目报告（第2月）

每个空格只填写数字，为0时不填写。

■本月申请银行贷款_____万元人民币

■原材料采购：

月	原材料	采购数量
第二月	钢筋原材	
第二月	水泥原材	
第二月	砂石原材	

■本月风险预测措施投入：

周	安全投入	雨季投入
第5周		
第6周		
第7周		
第8周		

■本月现场劳务班组、模板、机械进出场：

◆劳务班组

		第5周	第6周	第7周	第8周
钢筋劳务班组	进场数量（个）				
	出场数量（个）				

续表

		第5周	第6周	第7周	第8周
模板劳务班组	进场数量(个)				
	出场数量(个)				
混凝土劳务班组	进场数量(个)				
	出场数量(个)				

◆模板

		第5周	第6周	第7周	第8周
模板	进场数量(m^2)				
	出场数量(m^2)				

◆机械

		第5周	第6周	第7周	第8周
钢筋加工机械	进场数量(台)				
	出场数量(台)				
混凝土机械	进场数量(台)				
	出场数量(台)				
小型发电机	进场数量(台)				
	出场数量(台)				
大型发电机	进场数量(台)				
	出场数量(台)				
小型供水泵	进场数量(台)				
	出场数量(台)				
大型供水泵	进场数量(台)				
	出场数量(台)				

◆成品订购

	第5周	第6周	第7周	第8周
钢筋成品(t)				
混凝土成品(m^3)				

◆本月因闲置劳务班组支出待工费

	第5周	第6周	第7周	第8周
钢筋班组(万元)				

续表

	第 5 周	第 6 周	第 7 周	第 8 周
模板班组（万元）				
混凝土班组（万元）				

■风险事件损失：

◆材料风险损耗

	第 5 周	第 6 周	第 7 周	第 8 周
钢筋原材（t）				
水泥原材（t）				
砂石原材（t）				
成品钢筋（t）				
成品混凝土（m^3）				

◆其他支出_____万元人民币

■工程量统计：

工序名称	施工状态	第 2 月
绑钢筋	已经完成（t）	
	正在施工（t）	
支模板	已经完成（m^2）	
	正在施工（m^2）	
浇筑混凝土	已经完成（m^3）	
	正在施工（m^3）	

■甲方报量：

◆本月报量收入_____万元人民币

◆本月税金支出_____万元人民币

■本月结算支付：

	结算金额	支付金额	本月欠付	欠付还款	支付上月欠付利息
劳务费用					
模板租赁费					
机械租赁费			/	/	/
现场管理费			/	/	/

结算金额:统计那些发生但还未支付的费用,运输费、待工费均已现金支付,故不作统计;

支付金额:对应本次结算金额所进行的支付,如果选择欠付,则在本月欠付体现;

欠付还款:是针对上月已选择欠付部分,在当月选择是否还款。

■本月贷款还款:

借贷方式		第2月
公司借款	还款金额	
	支付利息	
银行贷款	还款金额	
	支付利息	
高利贷	还款金额	
	支付利息	

■本月项目其他收入_____万元人民币

■本月月末现金结余_____万元人民币

■本月月末利润数值_____万元人民币(保留两位小数)

(3)紧急措施操作报告(第2月)

■本月紧急申请高利贷_____万元

■本月紧急申请劳务班组进场:

劳务班组紧急进场数量	时间			
	第5周	第6周	第7周	第8周
钢筋班组(个)				
模板班组(个)				
混凝土班组(个)				
紧急运输费合计				

■本月紧急采购材料:

材料紧急采购数量	时间			
	第5周	第6周	第7周	第8周
钢筋原材(t)				
水泥原材(t)				
砂石原材(t)				

续表

材料紧急采购数量	时间			
	第5周	第6周	第7周	第8周
钢筋成品(t)				
混凝土成品(m³)				
采购金额				
紧急费用				

■本月紧急租赁模板：

模板紧急租赁数量	时间			
	第5周	第6周	第7周	第8周
模板(m²)				
运输费(万元)				

■本月紧急申请机械进场：

机械紧急进场数量	时间			
	第5周	第6周	第7周	第8周
钢筋加工机械(台)				
混凝土机械(台)				
小型发电机组(台)				
大型发电机组(台)				
小型供水泵机(台)				
大型供水泵机(台)				
额外运输费合计				

■本月紧急申请临设变更：

临时设施名称	现有容量	时间、变更容量			
		第5周	第6周	第7周	第8周
钢筋原材					
钢筋成品					
水泥库房					
砂石库房					
模板库房					
劳务宿舍					

临时设施名称	现有容量	时间、变更容量			
		第 5 周	第 6 周	第 7 周	第 8 周
费用合计					
月度费用合计					

（4）现金流量记录（第 2 月）

此表用于财务经理在操作过程中对发生的现金收入、支出作以记录。

现金流量表

		第 5 周	第 6 周	第 7 周	第 8 周	合计
一、报量前现金流入（CI）						
1.1	上期现金结转					
1.2	公司借款					
1.3	银行贷款					
1.4	高利贷					
二、报量前现金流出（CO）						
2.1	临设建造					
2.2	劳务班组进、出场运输费					
2.3	周转材料（模板）进、出场运输费					
2.4	机械进、出场运输费					
2.5	原材料（钢筋、水泥、砂石）采购					
2.6	风险投入					
2.7	预定成品钢筋或成品混凝土					
2.8	支出待工费					
三、月末报量前现金结余（一—二）						
四、报量后现金流入（CI）						
4.1	甲方报量					
4.2	资产变卖、其他收入					
五、月中现金结余（三+四）						
六、报量后现金流出（CO）						
6.1	税金支出					
6.2	劳务结算支付					

续表

		第5周	第6周	第7周	第8周	合计
6.3	周转（模板租赁费）结算支付					
6.4	机械结算支付（租赁费）					
6.5	现场管理费支出					
6.6	偿还贷款					
6.7	贷款利息支出					
6.8	劳务费、其他费用欠付还款					
6.9	欠付利息支出					
6.10	其他支出					
八、净现金流（CI-CO）						

（5）工程量统计表（第2月）

项目工程量统计表　　　　　　　　　　　　　　　第（2）月

项目已完工程量统计：

生产工序	本月已完成工程量	耗用材料数量					累计完成
		钢筋原材	水泥	砂石	钢筋成品	混凝土成品	
钢筋绑扎							
模板支撑							
混凝土浇筑							
合计							

项目在施工程量统计：

生产工序	本月在施工程量	耗用材料数量				
		钢筋原材	水泥	砂石	钢筋成品	混凝土成品
钢筋绑扎						
模板支撑						
混凝土浇筑						
合计						

说明：

➤ 统计完成工程量遵循0~100%原则，即全部完成的工序纳入统计，否则计入在施工程量；

➤ 本表每月末填写一张；

➤ 此表填写依据为过程中所填写派工单。

（6）采购经理—现场材料耗料表（第 2 月）

采购经理—现场材料耗料表

时间：第___月

材料名称	期初剩余			本月收料			本月耗料			本月风险损耗			期末剩余		
	数量	单价	金额	数量	单价	金额	数量	单价	金额	数量	单价	金额	数量	单价	金额
钢筋															
水泥原材															
砂石原材															
预定的钢筋成品															
预定的混凝土成品															
合计															

说明：

➤ 本表每月末填写一张；

➤ 期初剩余：期初剩余数量及金额等于上月期末剩余数量及金额；

➤ 本月收料：根据当月材料采购单以及现场成品材料消耗情况填写；

➤ 本月耗料：本月耗料数量见生产经理本月工程量统计表；

➤ 本月风险损耗：指如果现场因为发生风险事件或者现场维修改的材料意外损耗，则计入本月风险损耗；

➤ 期末剩余：指现场未完成工序所使用的材料 加工区材料及现场库存材料之和；

➤ 表格自检：期初剩余数量＋本月收料数量＝本月耗料数量＋本月风险损耗数量＋期末剩余数量；

➤ 表格自检：期初剩余金额＋本月收料金额＝本月耗料金额＋本月风险损耗金额＋期末剩余金额。

结论：

➤ 本月材料费成本为：本月耗料金额＋本月风险损耗金额＝_____

(7)经营经理—成本统计表(第2月)

经营经理—成本统计表

➤ 工程完成百分比：   时间：第(2)月

合同预算总额	本月收入	累计收入	本月完成百分比

➤ 人工费（劳务费）成本：

	本月结算单金额	本月运输费	待工费	欠付利息	成本合计
人工费用					

➤ 模板费成本：

	本月结算单金额	本月发生运输费	欠付利息	成本合计
模板费用				

➤ 机械费成本：

◆ 机械使用费成本（钢筋/混凝土加工机械）

本月结算单结算金额	本月发生运输费	成本合计

◆ 大型机械费（发电机/供水泵机）

本月结算单结算金额	本月发生运输费	成本合计

➤ 临设费用成本摊销：

临设总支出费用	本月完成百分比	本月摊销成本

（8）财务经理—利润统计表（第2月）

财务经理—利润统计表		第(2)月
费用项目	金额	数据说明
一、分部分项工程量(1+2+3+4)		
1. 材料费		采购经理—耗料表
2. 人工费		经营经理—成本统计表
3. 机械使用费		经营经理—成本统计表
4. 现场管理费		当月发生金额
二、措施项目(5+6+7+8+9)		
5. 模板费用		经营经理—成本统计表
6. 临设费（按本月摊销值计）		经营经理—成本统计表
7. 大型机械费		经营经理—成本统计表
8. 雨季、安全施工措施费		当月发生金额
9. 贷款利息		当月发生金额
三、其他项目		其他支出
四、规费		无
五、税金		当月发生金额
六、合计(一+二+三+四+五)		
七、本月收入(10+11)		
10. 报量收入		当月甲方报量金额
11. 其他收入		合同预算之外收入
八、本月利润(七-六)		

说明：

➤ 本表由财务经理主填，需要其他岗位协助；

➤ 本表填写遵循2.8.2所示的成本核算原则。

2.8.2　项目成本核算规则

配比原则：是指营业收入与其相对应的成本，费用应当相互配合。为取得本期收入而发生的以便正确计算和考核项目经营成果。

分期核算原则：按照每个月为一期进行成本核算。

权责发生制原则：指核算当期已发生的成本，不论款项是否支付，都应计入当期核算，反之即使发生了款项支付也不应计入当期核算。

实际成本核算原则：须根据核算期内实际已完工程量以及实际消耗和实际价格计算实际成本（本课程中确定已完工程量遵循0～100%原则，即100%完成工序工程量计入已完工程量，否则不计入）。

核算规则简表

费用项目	核算规则
一、分部分项工程量清单计价(1+2+3+4)	
1. 材料费	1. 核算当月所有完成工序所使用的材料费用之和 2. 当批材料运输费平均到当批材料单价中 3. 当月发生材料风险损耗计入当月材料成本
2. 人工费	1. 取当月与劳务队总结算费用 2. 当月发生劳务队运输费用计入当月人工费成本 3. 当月发生人工费滞纳金核算到当月人工费成本
3. 机械使用费	1. 钢筋加工机械与混凝土搅拌机械的租赁费之和 2. 当月发生的运输费计入当月机械使用费成本
4. 现场管理费	当月所支出的现场管理费用计入当月成本
二、措施项目清单计价(5+6+7+8+9)	
5. 模板费用	1. 当月模板租赁费用计入当月成本 2. 当月发生的模板运输费计入当月成本
6. 临设费	建造临设所发生的费用按照当月完成百分比摊销
7. 大型机械费	1. 当月发电机与供水泵机的结算费用计入当月成本 2. 当月发生的机械进出场费计入当月成本
8. 雨季、安全施工措施费	当月投入保护措施费用计入当月成本
9. 贷款利息	当月发生的贷款利息计入当月成本
三、其他项目	
四、税金	当月发生的税金计入当月成本
五、合计(一+二+三+四)	
六、本月收入(10+11)	
10. 报量收入	当月甲方所拨付的进度款
11. 其他收入	项目组的其他收入
七、本月利润(六−五)	

2.8.3 项目第3月操作

（1）沙盘操作表（第3月）

项目经理根据以下沙盘操作表，每读一项操作任务，指挥项目团队成员进行操作：

沙盘操作表

序号	任务清单	完成请打"√"				
	项目计划阶段：	使用单据/表		第3月		
1	申请公司借款	贷款/还款申请单				
2	临时设施搭建	临设申请单				

序号	任务清单		完成请打"√"			
	项目施工阶段(每月):					
1	申请银行贷款	贷款申请单	☐			
2	采购钢筋原材、水泥原材、砂石原材	原材料采购申请/结算单	☐			
	项目施工阶段(每周):					
1	雨季施工措施投入/安全施工措施投入	支付单	☐	☐	☐	☐
2	钢筋加工完成/上周订购的钢筋成品到场		☐	☐	☐	☐
3	混凝土加工完成/上周订购的混凝土成品到场		☐	☐	☐	☐
4	生产区在施工序完成施工(上周在施工序本周完成施工)		☐	☐	☐	☐
5	劳务班组退回宿舍/拆除模板必须先退至库房		☐	☐	☐	☐
6	现场劳务班组、模板、机械申请出场(从盘面撤离出场)	出场单	☐	☐	☐	☐
7	新的劳务班组、模板、机械申请进场(从盘面外托盘处新进)	劳务班组、周转材料进场申请单/机械租赁申请单	☐	☐	☐	☐
8	开始新的钢筋加工/订购新的钢筋成品	成品订购申请/结算单	☐	☐	☐	☐
9	开始新的混凝土搅拌/订购新的混凝土成品	成品订购申请/结算单	☐	☐	☐	☐
10	开始新的施工任务/配置劳务班组/配置水电	放置构件卡/填写派工单	☐	☐	☐	☐
11	施工领用材料(材料出库)/成品材料进入成品库/进废料场		☐	☐	☐	☐
12	支出宿舍闲置劳务班组待工费/风险事件判断	支付单	☐	☐	☐	☐
	项目施工阶段(月末):					
1	工程量统计	工程量统计表				☐
2	甲方报量/申请项目进度款/支出税金	进度款申请/其他收入单				☐
3	资产变卖(竣工后方能进行统一变卖)	进度款申请/其他收入单				☐
4	支付上月欠付利息	支付单				☐
5	劳务班组工费结算/支付/选择欠付	劳务结算单、支付单				☐
6	模板租赁结算/支欠付、机械租赁费结算/支付	周转、机械结算单/支付单				☐
7	现场管理费支付	支付单				☐
8	欠付还款	支付单				☐
9	支付贷款利息/归还贷款	支付单				☐
10	期间封账/经营核算	经营核算表格				☐

(2)月度项目报告(第 3 月)

每个空格只填写数字,为 0 时不填写。

■本月申请银行贷款_____万元人民币

■原材料采购：

月	原材料	采购数量
第三月	钢筋原材	
第三月	水泥原材	
第三月	砂石原材	

■本月风险预测措施投入：

周	安全投入	雨季投入
第9周		
第10周		
第11周		
第12周		

■本月现场劳务班组、模板、机械进出场：

◆劳务班组

		第9周	第10周	第11周	第12周
钢筋劳务班组	进场数量（个）				
	出场数量（个）				
模板劳务班组	进场数量（个）				
	出场数量（个）				
混凝土劳务班组	进场数量（个）				
	出场数量（个）				

◆模板

		第9周	第10周	第11周	第12周
模板	进场数量（m²）				
	出场数量（m²）				

◆机械

		第9周	第10周	第11周	第12周
钢筋加工机械	进场数量（台）				
	出场数量（台）				
混凝土机械	进场数量（台）				
	出场数量（台）				
小型发电机	进场数量（台）				
	出场数量（台）				

		第 9 周	第 10 周	第 11 周	第 12 周
大型发电机	进场数量（台）				
	出场数量（台）				
小型供水泵	进场数量（台）				
	出场数量（台）				
大型供水泵	进场数量（台）				
	出场数量（台）				

◆成品订购

	第 9 周	第 10 周	第 11 周	第 12 周
钢筋成品（t）				
混凝土成品（m³）				

◆本月因闲置劳务班组支出待工费

	第 9 周	第 10 周	第 11 周	第 12 周
钢筋班组（万元）				
模板班组（万元）				
混凝土班组（万元）				

■风险事件损失：

◆材料风险损耗

	第 9 周	第 10 周	第 11 周	第 12 周
钢筋原材（t）				
水泥原材（t）				
砂石原材（t）				
成品钢筋（t）				
成品混凝土（m³）				

◆其他支出_____万元人民币

■工程量统计：

工序名称	施工状态	第 3 月
绑钢筋	已经完成（t）	
	正在施工（t）	
支模板	已经完成（m²）	
	正在施工（m²）	

续表

工序名称	施工状态	第3月
浇筑混凝土	已经完成(m³)	
	正在施工(m³)	

■甲方报量：

◆本月报量收入_____万元人民币

◆本月税金支出_____万元人民币

■本月结算支付：

	结算金额	支付金额	本月欠付	欠付还款	支付上月欠付利息
劳务费用					
模板租赁费					
机械租赁费			/	/	/
现场管理费			/	/	/

结算金额：统计那些发生但还未支付的费用，运输费、待工费均已现金支付，故不作统计；

支付金额：对应本次结算金额所进行的支付，如果选择欠付，则在本月欠付体现；

欠付还款：是针对上月已选择欠付部分，在当月选择是否还款。

■本月贷款还款：

借贷方式		第3月
公司借款	还款金额	
	支付利息	
银行贷款	还款金额	
	支付利息	
高利贷	还款金额	
	支付利息	

■本月项目其他收入_____万元人民币

■本月月末现金结余_____万元人民币

■本月月末利润数值_____万元人民币(保留两位小数)

(3)紧急措施操作报告(第3月)

■本月紧急申请高利贷_____万元

■本月紧急申请劳务班组进场：

劳务班组紧急进场数量	时间			
	第9周	第10周	第11周	第12周
钢筋班组(个)				

续表

劳务班组紧急 进场数量	时间			
	第 9 周	第 10 周	第 11 周	第 12 周
模板班组(个)				
混凝土班组(个)				
紧急运输费合计				

■本月紧急采购材料：

材料紧急 采购数量	时间			
	第 9 周	第 10 周	第 11 周	第 12 周
钢筋原材(t)				
水泥原材(t)				
砂石原材(t)				
钢筋成品(t)				
混凝土成品(m^3)				
采购金额				
紧急费用				

■本月紧急租赁模板：

模板紧急 租赁数量	时 间			
	第 9 周	第 10 周	第 11 周	第 12 周
模板(m^2)				
运输费(万元)				

■本月紧急申请机械进场：

机械紧急 进场数量	时间			
	第 9 周	第 10 周	第 11 周	第 12 周
钢筋加工机械(台)				
混凝土机械(台)				
小型发电机组(台)				
大型发电机组(台)				
小型供水泵机(台)				
大型供水泵机(台)				
额外运输费合计				

■本月紧急申请临设变更：

临时设施名称	现有容量	时间、变更容量			
		第9周	第10周	第11周	第12周
钢筋原材					
钢筋成品					
水泥库房					
砂石库房					
模板库房					
劳务宿舍					
费用合计					
月度费用合计					

（4）现金流量记录（第3月）

此表用于财务经理在操作过程中对发生的现金收入、支出作以记录。

现金流量表

	第9周	第10周	第11周	第12周	合计
一、报量前现金流入（CI）					
1.1 上期现金结转					
1.2 公司借款					
1.3 银行贷款					
1.4 高利贷					
二、报量前现金流出（CO）					
2.1 临设建造					
2.2 劳务班组进、出场运输费					
2.3 周转材料（模板）进、出场运输费					
2.4 机械进、出场运输费					
2.5 原材料(钢筋、水泥、砂石)采购					
2.6 风险投入					
2.7 预定成品钢筋或成品混凝土					
2.8 支出待工费					
三、月末报量前现金结余（一－二）					
四、报量后现金流入（CI）					
4.1 甲方报量					
4.2 资产变卖、其他收入					
五、月中现金结余（三+四）					

续表

	第9周	第10周	第11周	第12周	合计
六、报量后现金流出(CO)					
6.1 税金支出					
6.2 劳务结算支付					
6.3 周转(模板租赁费)结算支付					
6.4 机械结算支付(租赁费)					
6.5 现场管理费支出					
6.6 偿还贷款					
6.7 贷款利息支出					
6.8 劳务费、其他费用欠付还款					
6.9 欠付利息支出					
6.10 其他支出					
八、净现金流(CI-CO)					

(5)工程量统计表(第3月)

项目工程量统计表 第(3)月

项目已完工程量统计:

生产工序	本月已完成工程量	耗用材料数量					累计完成
		钢筋原材	水泥	砂石	钢筋成品	混凝土成品	
钢筋绑扎							
模板支撑							
混凝土浇筑							
合计							

项目在施工程量统计:

生产工序	本月在施工程量	耗用材料数量				
		钢筋原材	水泥	砂石	钢筋成品	混凝土成品
钢筋绑扎						
模板支撑						
混凝土浇筑						
合计						

说明:

➤ 统计完成工程量遵循0~100%原则,即全部完成的工序纳入统计,否则计入在施工程量;

➤ 本表每月末填写一张;

➤ 此表填写依据为过程中所填写派工单。

（6）采购经理—现场材料耗料表（第 3 月）

采购经理—现场材料耗料表

组别：第 1 组　　　　　　　　　　　　　　　　　　　　时间：第____月

材料名称	期初剩余			本月收料			本月耗料			本月风险损耗			期末剩余		
	数量	单价	金额	数量	单价	金额	数量	单价	金额	数量	单价	金额	数量	单价	金额
钢筋															
水泥原材															
砂石原材															
预定的钢筋成品															
预定的混凝土成品															
合计															

说明：

➢ 本表每月月末填写一张；

➢ 期初剩余：根据上月期末剩余数量及全额等于上月期末剩余数量及全额；

➢ 本月收料：本月材料采购数量及现场成品材料单价以及现场成品材料消耗情况填写；

➢ 本月耗料：本月耗料数量见生产经理本月工程量统计表；

➢ 本月风险损耗：如果现场因为发生风险事件或者现场堆放材料意外损耗，则计入本月风险损耗；

➢ 期末剩余：现场未完成工序所使用的材料、加工区材料及现场库存材料之和；

➢ 表格自检：现场剩余数量＝期初剩余数量＋本月收料数量＋本月耗料数量＋本月风险损耗数量＋期末剩余数量；

➢ 表格自检：期初剩余全额＋本月收料全额＝本月耗料全额＋本月风险损耗全额＋期末剩余全额。

结论：

➢ 本月材料费成本为：本月耗料金额＋本月风险损耗金额＝＿＿＿＿＿＿＿＿＿＿

(7)经营经理—成本统计表(第3月)

经营经理—成本统计表

➤ 工程完成百分比：　　　　　　　　　　　　　　　　　　　　　　时间:第(　)月

合同预算总额	本月收入	累计收入	本月完成百分比

➤ 人工费(劳务费)成本：

	本月结算单金额	本月运输费	待工费	欠付利息	成本合计
人工费用					

➤ 模板费成本：

	本月结算单金额	本月发生运输费	欠付利息	成本合计
模板费用				

➤ 机械费成本：

◆ 机械使用费成本(钢筋/混凝土加工机械)

本月结算单结算金额	本月发生运输费	成本合计

◆ 大型机械费(发电机/供水泵机)

本月结算单结算金额	本月发生运输费	成本合计

➤ 临设费用成本摊销：

临设总支出费用	本月完成百分比	本月摊销成本

（8）财务经理—利润统计表（第3月）

财务经理—利润统计表

第（3）月

费用项目	金额	数据说明
一、分部分项工程量(1+2+3+4)		
1.材料费		采购经理—耗料表
2.人工费		经营经理—成本统计表
3.机械使用费		经营经理—成本统计表
4.现场管理费		当月发生金额
二、措施项目(5+6+7+8+9)		
5.模板费用		经营经理—成本统计表
6.临设费(按本月摊销值计)		经营经理—成本统计表
7.大型机械费		经营经理—成本统计表
8.雨季、安全施工措施费		当月发生金额
9.贷款利息		当月发生金额
三、其他项目		其他支出
四、规费		无
五、税金		当月发生金额
六、合计(一+二+三+四+五)		
七、本月收入(10+11)		
10.报量收入		当月甲方报量金额
11.其他收入		合同预算之外收入
八、本月利润(七-六)		

说明：

➢ 本表由财务经理主填，需要其他岗位协助；

➢ 本条填写遵循成本核算原则见2.8.2节。

2.9 策划体验

至此，我们已经结合凯旋门工程完整地学习了 PMST 的项目执行过程。大家也许在思考：怎样才能使自己的实际操作过程变得有据可查呢？怎样才能使实施过程更加科学合理？怎样才能使项目利润更大？……这就需要我们进一步学习 PMST 的策划过程。

PMST 的策划过程，就是根据模拟的工程项目，分析工程条件，根据沙盘基本规则，制订出科学合理的进度计划横道图，并据此确定工程量完成计划、项目风险预防措施计划、资源需求量计划、资金筹措与使用计划等。在 PMST 课程里，这些计划是用一系列表格来反映的。

2.9.1 项目进度计划——横道图

凯旋门工程进度计划——横道图

编号	项目名称	单位	工程量	班组数量	班组产量	每周产量	工期	1月份				2月份				3月份				4月份			
								1	2	3	4	5	6	7	8	9	10	11	12	13	14	15	16
	临设建造																						
	钢筋加工	t																					
JC-1-1		t	5	1	5	5	1																
JC-1-2		m²	5	1	5	5	1																
JC-1-3		m³	10	1	10	1	1																
D-1-1		t	5																				
D-1-2		m²	5																				
D-1-3		m³	10																				
D-2-1		t	5																				
D-2-2		m²	5																				
D-2-3		m³	10																				
B-12-1		m²	5																				
B-12-2		t	5																				
B-12-3		m³	10																				

2.9.2 项目进度计划——工程量完成计划

工程量完成计划

工序名称	施工状态	1 月	2 月	3 月	4 月
绑钢筋	完成				
	在施				
支模板	完成				
	在施				
浇筑混凝土	完成				
	在施				

2.9.3 项目风险预防措施计划

风险预防措施

风险项目 ＼ 周	1	2	3	4	5	6	7	8	9	10	11	12	13	14	15	16
安全投入																
雨季投入																
合计																

2.9.4 资源计划

（1）劳务资源计划

劳务班组进出场计划

		时间															
		1	2	3	4	5	6	7	8	9	10	11	12	13	14	15	16
钢筋劳务班组	进场																
	出场																
模板劳务班组	进场																
	出场																
混凝土劳务班组	进场																
	出场																
运输费合计																	
月度运输费合计																	
说明：每支劳务班组进场、出场均需要 2 万元运输费。																	

（2）材料资源计划

材料使用计划

		时间														
		1	2	3	4	5	6	7	8	9	10	11	12	13	14	15	16
钢筋	使用数量																
	月度合计																
混凝土	使用数量																
	月度合计																

⇓

材料采购计划

原材		时间			
		第 1 月	第 2 月	第 3 月	第 4 月
钢筋原材	采购数量				
	采购金额				
水泥原材	采购数量				
	采购金额				
砂石原材	采购数量				
	采购金额				

成品		时间															
		1	2	3	4	5	6	7	8	9	10	11	12	13	14	15	16
钢筋成品	采购数量																
	采购金额																
混凝土成品	采购数量																
	采购金额																

（3）模板资源计划

模板使用计划

模板（周转材料）	时间															
	1	2	3	4	5	6	7	8	9	10	11	12	13	14	15	16
使用数量																

⇓

模板需用（进出场）计划

模板		时间															
		1	2	3	4	5	6	7	8	9	10	11	12	13	14	15	16
模板	进场数量																
	出场数量																
	运输费																
	租赁费																

(4)机械资源计划

机械需用(进出场)计划

		时间															
		1	2	3	4	5	6	7	8	9	10	11	12	13	14	15	16
钢筋加工机械	进场																
	出场																
混凝土机械	进场																
	出场																
小型发电机组	进场																
	出场																
大型发电机组	进场																
	出场																
小型供水泵机	进场																
	出场																
大型供水泵机	进场																
	出场																
运输费合计																	
租赁费合计																	

(5)临时设施建造计划

临时设施建造计划

临时设施名称	容量要求	建造费用	用电量	用水量
钢筋原材库房				
钢筋成品库房				
水泥库房				
砂石库房				
模板库房				
劳务宿舍				
合计				

(6)录入软件

完成以上策划内容后,将数据录入到软件中,在练习模式下可以直接查看项目的现金流,以此确定融资方案;大赛模式下分析部分内容无法查看,我们仍然需要掌握现金流量表的核算方法。

2.9.5 资金计划

(1)现金测算表

	第1月	第2月	第3月	第4月	合计
一、报量前现金流入(CI)					

续表

	第1月	第2月	第3月	第4月	合计
1.1 上期现金结转					
1.2 公司借款					
1.3 银行贷款					
1.4 高利贷					
二、报量前现金流出(CO)					
2.1 临设建造					
2.2 劳务班组进、出场运输费					
2.3 周转材料(模板)进、出场运输费					
2.4 机械进、出场运输费					
2.5 原材料(钢筋、水泥、砂石)采购					
2.6 风险投入					
2.7 预定成品钢筋或成品混凝土					
2.8 支出待工费					
三、月末报量前现金结余(一-二)					
四、报量后现金流入(CI)					
4.1 甲方报量					
4.2 资产变卖、其他收入					
五、月中现金结余(三+四)					
六、报量后现金流出(CO)					
6.1 税金支出					
6.2 劳务结算支付					
6.3 周转(模板租赁费)结算支付					
6.4 机械结算支付(租赁费)					
6.5 现场管理费支出					
6.6 偿还贷款					
6.7 贷款利息支出					
6.8 劳务费、其他费用欠付还款					
6.9 欠付利息支出					
6.10 其他支出					
八、净现金流(CI-CO)					

(2)项目收入计划

收入计划

	1月	2月	3月	4月
其他收入计划				
甲方报量收入				
完成百分比				

(3)项目结算费用欠付计划

欠付计划

	1月	2月	3月	4月
劳务费欠付				
劳务费欠付还款				
劳务费欠付利息				
模板费用欠付				
模板费用欠付还款				
模板费用欠付利息				

(4)项目融资计划

融资计划

	1月	2月	3月	4月
公司借款				
公司还款				
公司借款利息支出				
银行贷款				
银行还款				
银行贷款利息支出				
高利贷贷款				
高利贷还款				
高利贷利息支出				
贷款合计				
还款合计				
利息合计				

完成全部策划内容后,将数据录入软件,可以查看到策划得分,对应的扣分项目可以从项目状态和评分规则中查询。

本章小结

将本章作为 PMST 课程的主要部分之一,以凯旋门工程为例,首先讲述了 PMST 课程执行部分的操作过程——严格按照沙盘操作表的程序,遵循"一步一动"的原则,依次完成该项目12 周的操作;其次介绍了 PMST 课程策划部分的相关知识,应先分析工程项目的实际情况制订科学合理的进度计划,然后根据进度计划填写完一系列的策划表格。

关键术语

沙盘操作表　现金流量表　成本统计表　利润统计表

习题

1. 项目执行中,向甲方申请进度款的依据是什么?

2. 项目执行中,向各个合作单位结算支付的依据是什么?

3. 项目执行完第一个月的操作后,你所在的小组赚钱了吗? 利润是多少?

4. 项目执行完第一个月的操作后,试分析导致项目盈亏的相关因素并预测项目最终的赢利情况。

5. 项目执行完第一个月的操作后,试分析项目主要成本构成有哪些,分别占总成本的百分比为多少。

6. 项目执行完第三个月的操作后,试分析如果能给你一次重来的机会,你预计应该能赚多少钱。

7. 承包合同中的计划成本如何计算?

8. 在项目执行过程中,如果出现罚款,则成本核算时如何处理?

9. 如果项目执行过程中存在临设或者机械不使用的情况,能否不配电或者水?

10. 施工过程中能否变更发电机和供水泵机的产能型号?

11. 甲方报量过程中,是否可以考虑策略报量,以合理避税?

12. 临时设施建造是否可以建造任意规格型号?

13. 项目执行完毕后,请思考如果施工过程中因甲方原因导致停工 1 个月,作为施工方能够索赔哪些费用。

第3章 PMST 挑战

本章教学要点

知识要点	掌握程度	相关知识
较为复杂的项目策划	掌握	分析工具的使用与最优策划的实现
较为复杂的项目执行	掌握	操作过程的精准度与速度

通过前面的学习,大家已经掌握了沙盘课程的主要内容。此时此刻,你也许意犹未尽,还想大干一把,现在就让我们一起面对 PMST 挑战——世纪大桥工程项目管理全模拟。

3.1 挑战任务

基本资料交底:

1)工程概况

工程名称:广联达世纪大桥工程

工期要求:16 周

2)工程模型

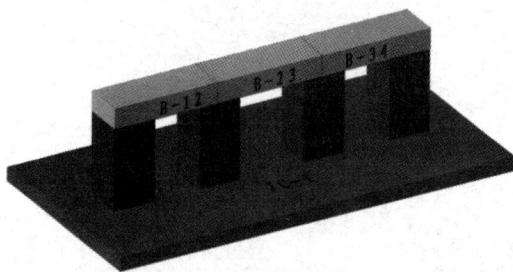

3)工程量表

描述此项目每个构件施工工序的工程量:

编号	构件名称	工序	单位	工程量
JC-1	基础			
JC-1-1		绑钢筋	t	5
JC-1-2		支模板	m^2	5
JC-1-3		浇注混凝土	m^3	10

编号	构件名称	工序	单位	工程量
D-1	桥墩-1			
D-1-1		绑钢筋	t	5
D-1-2		支模板	m²	10
D-1-3		浇注混凝土	m³	10
D-2	桥墩-2			
D-2-1		绑钢筋	t	5
D-2-2		支模板	m²	10
D-2-3		浇注混凝土	m³	10
D-3	桥墩-3			
D-3-1		绑钢筋	t	5
D-3-2		支模板	m²	10
D-3-3		浇注混凝土	m³	20
D-4	桥墩-4			
D-4-1		绑钢筋	t	10
D-4-2		支模板	m²	10
D-4-3		浇注混凝土	m³	10
B-12	板-12			
B-12-1		支模板	m²	10
B-12-2		绑钢筋	t	10
B-12-3		浇注混凝土	m³	10
B-23	板-23			
B-23-1		支模板	m²	10
B-23-2		绑钢筋	t	5
B-23-3		浇注混凝土	m³	10
B-34	板-34			
B-34-1		支模板	m²	10
B-34-2		绑钢筋	t	5
B-34-3		浇注混凝土	m³	10

4）合同预算

合同预算是建设单位和施工单位签署的合同文件的组成部分,也就是双方达成协议的投标报价,是双方支付工程款的依据。

工序	报量单价	总工程量	报量价格/万元
绑钢筋	4	50	200
支模板	3	75	225
浇注混凝土	3	90	270
合计			695

每月统计工程量原则:项目工序工程量100%完成,方可纳入"完成工程量"统计。

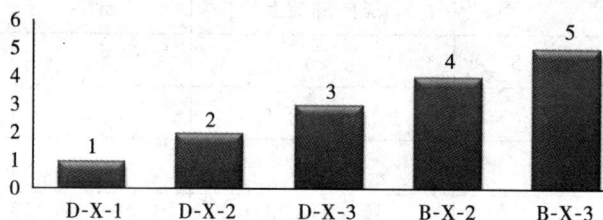

5）施工安全危险系数分析

说明:只要安全措施累计投入费用可以预防相应危险系数的施工工序,即可避免发生意外事件。

6）天气分析

通过可靠气象部门预测,施工工期内降水分布及降水等级图如下:

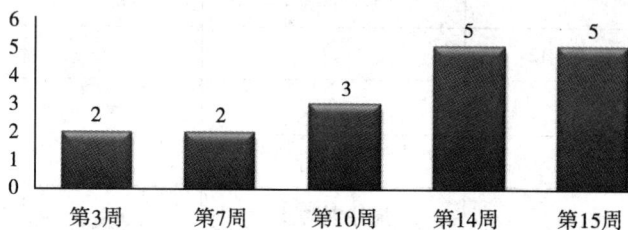

7）市场资源分析

材料市场价格涨幅预测:通过可靠部门预测,材料市场价格无涨幅。

劳务班组市场可供应数量分析:

劳务班组工种	可供应数量
钢筋劳务班组	4
模板劳务班组	4
混凝土劳务班组	4

说明:每支劳务队在施工过程中如果出场,将不再进场,但是在市场可供应数量足够的情况下,可以选择其他劳务班组进场。

3.2　运筹帷幄

3.2.1　工程项目 WBS 分解

广联达世纪大桥工程项目

3.2.2 项目进度计划——横道图

编号	项目名称	单位	工程量	班组数量	班组产量	每周产量	工期	1 月份				2 月份				3 月份				4 月份			
								1	2	3	4	5	6	7	8	9	10	11	12	13	14	15	16

3.2.3 项目进度计划——工程量完成计划

工程量完成计划

工序名称	施工状态	1 月	2 月	3 月	4 月
绑钢筋	完成				
	在施				
支模板	完成				
	在施				
浇筑混凝土	完成				
	在施				

3.2.4 项目风险预防措施计划

风险预防措施

风险项目 \\ 周	1	2	3	4	5	6	7	8	9	10	11	12	13	14	15	16
安全投入																
雨季投入																
合 计																

3.2.5 资源计划

（1）劳务资源计划

劳务班组进出场计划

		时间															
		1	2	3	4	5	6	7	8	9	10	11	12	13	14	15	16
钢筋劳务班组	进场																
	出场																
模板劳务班组	进场																
	出场																
混凝土劳务班组	进场																
	出场																
运输费合计																	
月度运输费合计																	

说明：每支劳务班组进场、出场均需要 2 万元运输费。

（2）材料资源计划

材料使用计划

		时间														
		1	2	3	4	5	6	7	8	9	10	11	12	13	14	15	16
钢筋	使用数量																
	月度合计																
混凝土	使用数量																
	月度合计																

⇓

材料采购计划

原材		时间			
		第1月	第2月	第3月	第4月
钢筋原材	采购数量				
	采购金额				
水泥原材	采购数量				
	采购金额				
砂石原材	采购数量				
	采购金额				

成品		时间															
		1	2	3	4	5	6	7	8	9	10	11	12	13	14	15	16
钢筋成品	采购数量																
	采购金额																
混凝土成品	采购数量																
	采购金额																

（3）模板资源计划

模板使用计划

模板（周转材料）	时间															
	1	2	3	4	5	6	7	8	9	10	11	12	13	14	15	16
使用数量																

⇓

模板需用(进出场)计划

		时间															
		1	2	3	4	5	6	7	8	9	10	11	12	13	14	15	16
模板	进场数量																
	出场数量																

续表

		时间														
		1	2	3	4	5	6	7	8	9	10	11	12	13	14	15	16
模板	运输费																
	租赁费																

（4）机械资源计划

机械需用（进出场）计划

		时间														
		1	2	3	4	5	6	7	8	9	10	11	12	13	14	15	16
钢筋加工机械	进场																
	出场																
混凝土机械	进场																
	出场																
小型发电机组	进场																
	出场																
大型发电机组	进场																
	出场																
小型供水泵机	进场																
	出场																
大型供水泵机	进场																
	出场																
运输费合计																	
租赁费合计																	

（5）临时设施建造计划

临时设施建造计划

临时设施名称	容量要求	建造费用	用电量	用水量
钢筋原材库房				
钢筋成品库房				
水泥库房				
砂石库房				
模板库房				
劳务宿舍				
合计				

3.2.6 资金计划

（1）现金测算表

		第1月	第2月	第3月	第4月	合计
一、报量前现金流入（CI）						
1.1	上期现金结转					
1.2	公司借款					
1.3	银行贷款					
1.4	高利贷					
二、报量前现金流出（CO）						
2.1	临设建造					
2.2	劳务班组进、出场运输费					
2.3	周转材料（模板）进、出场运输费					
2.4	机械进、出场运输费					
2.5	原材料（钢筋、水泥、砂石）采购					
2.6	风险投入					
2.7	预定成品钢筋或成品混凝土					
2.8	支出待工费					
三、月末报量前现金结余（一-二）						
四、报量后现金流入（CI）						
4.1	甲方报量					
4.2	资产变卖、其他收入					
五、月中现金结余（三+四）						
六、报量后现金流出（CO）						
6.1	税金支出					
6.2	劳务结算支付					
6.3	周转（模板租赁费）结算支付					
6.4	机械结算支付（租赁费）					
6.5	现场管理费支出					
6.6	偿还贷款					
6.7	贷款利息支出					
6.8	劳务费、其他费用欠付还款					
6.9	欠付利息支出					
6.10	其他支出					
八、净现金流（CI-CO）						

（2）项目收入计划

收入计划

	1 月	2 月	3 月	4 月
其他收入计划				
甲方报量收入				
完成百分比				

（3）项目结算费用欠付计划

欠付计划

	1 月	2 月	3 月	4 月
劳务费欠付				
劳务费欠付还款				
劳务费欠付利息				
模板费用欠付				
模板费用欠付还款				
模板费用欠付利息				

（4）项目融资计划

融资计划

	1 月	2 月	3 月	4 月
公司借款				
公司还款				
公司借款利息支出				
银行贷款				
银行还款				
银行贷款利息支出				
高利贷贷款				
高利贷还款				
高利贷利息支出				
贷款合计				
还款合计				
利息合计				

3.2.7 成本—利润计划

成本预测表

费用项目	1月	2月	3月	4月	合计
一、分部分项工程量(1+2+3+4)					
1. 材料费					
2. 人工费					
3. 机械使用费					
4. 现场管理费					
二、措施项目(5+6+7+8+9)					
5. 模板费用					
6. 临设费					
7. 大型机械费					
8. 雨季、安全施工措施费					
9. 贷款利息					
三、其他项目					
四、规费					
五、税金					
六、合计(一+二+三+四+五)					
七、本月收入(10+11)					
10. 报量收入					
11. 其他收入					
八、本月利润(七-六)					

成本计划—实际分析图

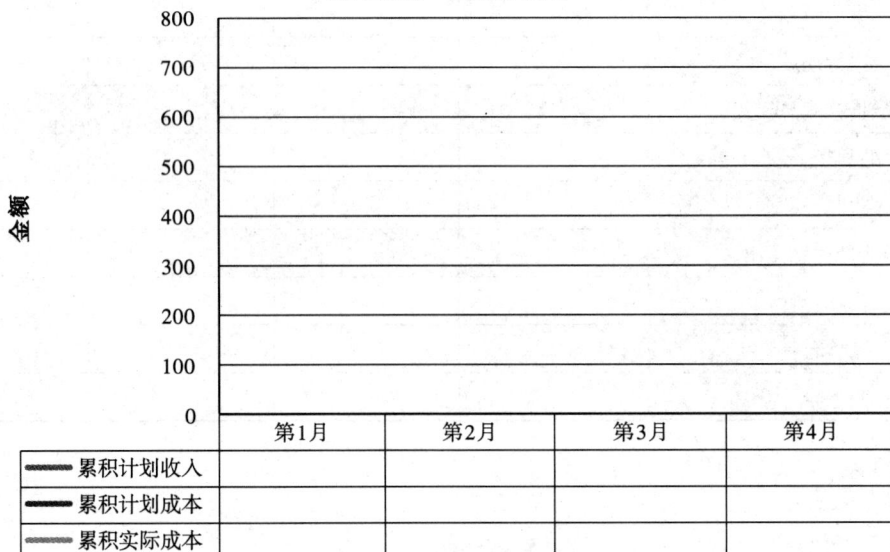

金额	800				
	700				
	600				
	500				
	400				
	300				
	200				
	100				
	0	第1月	第2月	第3月	第4月
——— 累积计划收入					
——— 累积计划成本					
——— 累积实际成本					

3.3 决胜沙场

完成世纪大桥工程策划后,我们开始挑战操作,一决胜负。

3.3.1 签订承包合同

工程承包合同

发包方:广联达建筑公司   承包方:第_____组

根据《中华人民共和国合同法》和《建筑安装工程承包合同条例》及《广联达工程项目管理沙盘模拟课程规定》,为明确双方在施工过程中的权利、义务和经济责任,经双方协商同意签订本合同。

第一条 工程项目

1. 工程名称:广联达世纪大桥工程;

2. 承包范围和内容:工程文件中所包含所有内容以及临时甲方的变更要求;

3. 工程造价: 695 万元人民币。

第二条 施工准备

1. 发包方:记录承包方的计划利润,将在完工时与实际利润进行比较;

	1月	2月	3月	4月	总计
计划收入					
计划成本					
计划利润					

公司借款数目:_____万元人民币

本项目部的计划利润为:_____万元人民币

2. 承包方:负责施工工程文件中所涵盖所有施工内容。

第三条 施工期限

1. 工期要求: 16 周,每月按照4周计算;

2. 工期奖罚:竣工每延误1周,罚款10万;每提前1周,奖励5万。

第四条 工程价款支付和计算

见本书中报量规则。

第五条 变更与索赔

1. 承包合同为总价合同,其中已经包含材料涨幅因素,如果实际市场价格变化幅度小于合同因素的5%,则不予索赔;大于5%的,视情况给予索赔。

2. 由于总工期限制中已经包含对意外事件影响的考虑,所以一般可预见性的天气因素不给予索赔,历史罕见或者不可预见性意外事件,甲方视情况给予索赔,比如历史罕见暴雨等。

3. 由于甲方原因发生工程变更的,视情况双方协商制订变更手续。

甲方   乙方

发包方签名: 承包方签名:

3.3.2 项目第1月操作

（1）沙盘操作表（第1月）

项目经理根据以下沙盘操作表，每读一项操作任务，指挥项目团队成员进行操作：

沙盘操作表

序号	任务清单	完成请打"√"			
	项目计划阶段：	使用单据/表	第1月		
1	申请公司借款	贷款/还款申请单	☐		
2	临时设施搭建	临设申请单	☐		
	项目施工阶段（每月）：				
1	申请银行贷款	贷款申请单	☐		
2	采购钢筋原材、水泥原材、砂石原材	原材料采购申请/结算单	☐		
	项目施工阶段（每周）：				
1	雨季施工措施投入/安全施工措施投入	支付单	☐	☐	☐	☐
2	钢筋加工完成/上周订购的钢筋成品到场		☐	☐	☐	☐
3	混凝土加工完成/上周订购的混凝土成品到场		☐	☐	☐	☐
4	生产区在施工序完成施工（上周在施工序本周完成施工）		☐	☐	☐	☐
5	劳务班组退回宿舍/拆除模板必须先退至库房		☐	☐	☐	☐
6	现场劳务班组、模板、机械申请出场（从盘面撤离出场）	出场单	☐	☐	☐	☐
7	新的劳务班组、模板、机械申请进场（从盘面外托盘处新进）	劳务班组、周转材料进场申请单/机械租赁申请单	☐	☐	☐	☐
8	开始新的钢筋加工/订购新的钢筋成品	成品订购申请/结算单	☐	☐	☐	☐
9	开始新的混凝土搅拌/订购新的混凝土成品	成品订购申请/结算单	☐	☐	☐	☐
10	开始新的施工任务/配置劳务班组/配置水电	放置构件卡/填写派工单	☐	☐	☐	☐
11	施工领用材料（材料出库）/成品材料进入成品库/进废料场		☐	☐	☐	☐
12	支出宿舍闲置劳务班组待工费/风险事件判断	支付单	☐	☐	☐	☐
	项目施工阶段（月末）：				
1	工程量统计	工程量统计表				☐
2	甲方报量/申请项目进度款/支出税金	进度款申请/其他收入单				☐
3	资产变卖（竣工后方能进行统一变卖）	劳务结算/支付单				☐
4	支付上月欠付利息	周转材料、机械结算单				☐

续表

序号	任务清单	完成请打"√"				
5	劳务班组工费结算/支付/选择欠付	支付单				☐
6	模板租赁结算/支欠付、机械租赁费结算/支付	支付单				☐
7	现场管理费支付	支付单				☐
8	欠付还款	支付单				☐
9	支付贷款利息/归还贷款	进度款申请/其他收入单				☐
10	期间封账/经营核算	经营核算表格				☐

（2）月度项目报告（第 1 月）

每个空格只填写数字，为 0 时不填写。

■我们需要向公司借款_____万元人民币

■本月申请银行贷款_____万元人民币

■临时设置建造计划：

临时设置名称	容量要求	建造费用	用电量	用水量
钢筋原材库房				
钢筋成品库房				
水泥库房				
砂石库房				
模板库房				
劳务库房				

■原材料采购：

月	原材料	采购数量
第一月	钢筋原材	
第一月	水泥原材	
第一月	砂石原材	

■本月风险预测措施投入：

周	安全投入	雨季投入
第 1 周		
第 2 周		
第 3 周		
第 4 周		

■本月现场劳务班组、模板、机械进出场：

◆劳务班组

		第1周	第2周	第3周	第4周
钢筋劳务班组	进场数量（个）				
	出场数量（个）				
模板劳务班组	进场数量（个）				
	出场数量（个）				
混凝土劳务班组	进场数量（个）				
	出场数量（个）				

◆模板

		第1周	第2周	第3周	第4周
模 板	进场数量（m^2）				
	出场数量（m^2）				

◆机械

		第1周	第2周	第3周	第4周
钢筋加工机械	进场数量（台）				
	出场数量（台）				
混凝土机械	进场数量（台）				
	出场数量（台）				
小型发电机	进场数量（台）				
	出场数量（台）				
大型发电机	进场数量（台）				
	出场数量（台）				
小型供水泵	进场数量（台）				
	出场数量（台）				
大型供水泵	进场数量（台）				
	出场数量（台）				

◆成品订购

	第1周	第2周	第3周	第4周
钢筋成品（t）				
混凝土成品（m^3）				

◆本月因闲置劳务班组支出待工费

	第1周	第2周	第3周	第4周
钢筋班组(万元)				
模板班组(万元)				
混凝土班组(万元)				

■风险事件损失：

◆材料风险损耗

	第1周	第2周	第3周	第4周
钢筋原材(t)				
水泥原材(t)				
砂石原材(t)				
成品钢筋(t)				
成品混凝土(m³)				

◆其他支出_____万元人民币

■工程量统计：

工序名称	施工状态	1月
绑钢筋	已经完成(t)	
	正在施工(t)	
支模板	已经完成(m²)	
	正在施工(m²)	
浇筑混凝土	已经完成(m³)	
	正在施工(m³)	

■甲方报量：

◆本月报量收入_____万元人民币
◆本月税金支出_____万元人民币

■本月结算支付：

	结算金额	支付金额	本月欠付	欠付还款	支付上月欠付利息
劳务费用					
模板租赁费					
机械租赁费			/	/	/
现场管理费			/	/	/

结算金额：统计那些发生但还未支付的费用,运输费、待工费均已现金支付,故不作统计；

支付金额：对应本次结算金额所进行的支付，如果选择欠付，则在本月欠付体现；

欠付还款：是针对上月已选择欠付部分，在当月选择是否还款。

■本月贷款还款：

借贷方式		第1月
公司借款	还款金额	
	支付利息	
银行贷款	还款金额	
	支付利息	
高利贷	还款金额	
	支付利息	

■本月项目其他收入_____万元人民币

■本月月末现金结余_____万元人民币

■本月月末利润数值_____万元人民币（保留两位小数）

（3）紧急措施操作报告（第1月）

■本月紧急申请高利贷_____万元

■本月紧急申请劳务班组进场：

劳务班组紧急进场数量	时间			
	第1周	第2周	第3周	第4周
钢筋班组（个）				
模板班组（个）				
混凝土班组（个）				
紧急运输费合计				

■本月紧急采购材料：

材料紧急采购数量	时间			
	第1周	第2周	第3周	第4周
钢筋原材（t）				
水泥原材（t）				
砂石原材（t）				
钢筋成品（t）				
混凝土成品（m³）				
采购金额				
紧急费用				

■本月紧急租赁模板：

模板紧急租赁数量	时间			
	第1周	第2周	第3周	第4周
模板(m^2)				
运输费(万元)				

■本月紧急申请机械进场：

机械紧急进场数量	时间			
	第1周	第2周	第3周	第4周
钢筋加工机械(台)				
混凝土机械(台)				
小型发电机组(台)				
大型发电机组(台)				
小型供水泵机(台)				
大型供水泵机(台)				
额外运输费合计				

■本月紧急申请临设变更：

临时设施名称	现有容量	时间、变更容量			
		第1周	第2周	第3周	第4周
钢筋原材					
钢筋成品					
水泥库房					
砂石库房					
模板库房					
劳务宿舍					
费用合计					
月度费用合计					

(4)现金流量记录(第1月)

此表用于财务经理在操作过程中对发生的现金收入、支出作以记录。

现金流量表

	第1周	第2周	第3周	第4周	合计
一、报量前现金流入（CI）					
1.1 上期现金结转					
1.2 公司借款					
1.3 银行贷款					
1.4 高利贷					
二、报量前现金流出（CO）					
2.1 临设建造					
2.2 劳务班组进、出场运输费					
2.3 周转材料（模板）进、出场运输费					
2.4 机械进、出场运输费					
2.5 原材料（钢筋、水泥、砂石）采购					
2.6 风险投入					
2.7 预定成品钢筋或成品混凝土					
2.8 支出待工费					
三、月末报量前现金结余（一－二）					
四、报量后现金流入（CI）					
4.1 甲方报量					
4.2 资产变卖、其他收入					
五、月中现金结余（三+四）					
六、报量后现金流出（CO）					
6.1 税金支出					
6.2 劳务结算支付					
6.3 周转（模板租赁费）结算支付					
6.4 机械结算支付（租赁费）					
6.5 现场管理费支出					
6.6 偿还贷款					
6.7 贷款利息支出					
6.8 劳务费、其他费用欠付还款					

续表

		第1周	第2周	第3周	第4周	合 计
6.9	欠付利息支出					
6.10	其他支出					
八、净现金流(CI-CO)						

（5）工程量统计表（第1月）

项目工程量统计表　　　　　　　　　　第(1)月

项目已完工程量统计：

生产工序	本月已完成工程量	耗用材料数量					累计完成
		钢筋原材	水泥	砂石	钢筋成品	混凝土成品	
钢筋绑扎							
模板支撑							
混凝土浇筑							
合 计							

项目在施工程量统计：

生产工序	本月在施工程量	耗用材料数量				
		钢筋原材	水泥	砂石	钢筋成品	混凝土成品
钢筋绑扎						
模板支撑						
混凝土浇筑						
合 计						

说明：

➢ 统计完成工程量遵循0~100%原则，即全部完成的工序纳入统计，否则计入在施工程量；

➢ 本表每月末填写一张；

➢ 此表填写依据为过程中所填写派工单。

(6) 采购经理—现场材料耗料表(第 1 月)

采购经理—现场材料耗料表

时间:第___月

材料名称	期初剩余			本月收料			本月耗料			本月风险损耗			期末剩余		
	数量	单价	金额	数量	单价	金额	数量	单价	金额	数量	单价	金额	数量	单价	金额
钢筋															
水泥原材															
砂石原材															
预定的钢筋成品															
预定的混凝土成品															
合计															

说明:

➢ 本表每月末填写一张;

➢ 期初剩余:期初剩余数量及全额等于上月期末剩余数量及全额;

➢ 本月收料:根据当月材料采购数量以及现场成品材料消耗情况填写;

➢ 本月耗料:本月耗料数量见生产经理本月工程量统计表;

➢ 本月风险损耗,指如果现场因为发生风险事件或者现场堆放材料,加工区材料及现场库存材料意外损耗,则计入本月风险损耗;

➢ 期末剩余:指现场未完成工序所使用的材料;

➢ 表格自检:期末剩余数量+本月耗料数量=本月收料数量+本月风险损耗数量+期末剩余数量;

➢ 表格自检:期初剩余金额+本月收料金额=本月耗料金额+本月风险损耗金额+期末剩余金额。

结论:

➢ 本月材料费成本为:本月耗料金额+本月风险损耗金额 = _____

(7)经营经理—成本统计表(第1月)

经营经理—成本统计表

➤ 工程完成百分比: 时间:第(　　)月

合同预算总额	本月收入	累计收入	本月完成百分比

➤ 人工费(劳务费)成本:

	本月结算单金额	本月运输费	待工费	欠付利息	成本合计
人工费用					

➤ 模板费成本:

	本月结算单金额	本月发生运输费	欠付利息	成本合计
模板费用				

➤ 机械费成本:
◆ 机械使用费成本(钢筋/混凝土加工机械)

本月结算单结算金额	本月发生运输费	成本合计

◆ 大型机械费(发电机/供水泵机)

本月结算单结算金额	本月发生运输费	成本合计

➤ 临设费用成本摊销:

临设总支出费用	本月完成百分比	本月摊销成本

(8)财务经理—利润统计表(第1月)

财务经理—利润统计表　　　　　　　　　第(　　)月

费用项目	金额	数据说明
一、分部分项工程量(1+2+3+4)		
1.材料费		采购经理—耗料表
2.人工费		经营经理—成本统计表
3.机械使用费		经营经理—成本统计表
4.现场管理费		当月发生金额
二、措施项目(5+6+7+8+9)		
5.模板费用		经营经理—成本统计表
6.临设费(按本月摊销值计)		经营经理—成本统计表
7.大型机械费		经营经理—成本统计表
8.雨季、安全施工措施费		当月发生金额
9.贷款利息		当月发生金额
三、其他项目		其他支出
四、规费		无
五、税金		当月发生金额
六、合计(一+二+三+四+五)		
七、本月收入(10+11)		
10.报量收入		当月甲方报量金额
11.其他收入		合同预算之外收入
八、本月利润(七-六)		

说明:

➢ 本表由财务经理主填,需要其他岗位协助;

➢ 本条填写遵循成本核算原则见2.8.2节。

3.3.3　项目第2月操作

(1)沙盘操作表(第2月)

项目经理根据以下沙盘操作表,每读一项操作任务,指挥项目团队成员进行操作:

沙盘操作表

序号	任务清单		完成请打"√"			
	项目计划阶段:		使用单据/表	第1月		
1	申请公司借款		贷款/还款申请单	☐		
2	临时设施搭建		临设申请单	☐		

序号	任务清单		完成请打"√"			
	项目施工阶段（每月）：					
1	申请银行贷款	贷款申请单	☐			
2	采购钢筋原材、水泥原材、砂石原材	原材料采购申请/结算单	☐			
	项目施工阶段（每周）：					
1	雨季施工措施投入/安全施工措施投入	支付单	☐	☐	☐	☐
2	钢筋加工完成/上周订购的钢筋成品到场		☐	☐	☐	☐
3	混凝土加工完成/上周订购的混凝土成品到场		☐	☐	☐	☐
4	生产区在施工序完成施工（上周在施工序本周完成施工）		☐	☐	☐	☐
5	劳务班组退回宿舍/拆除模板必须先退至库房		☐	☐	☐	☐
6	现场劳务班组、模板、机械申请出场（从盘面撤离出场）	出场单	☐	☐	☐	☐
7	新的劳务班组、模板、机械申请进场（从盘面外托盘处新进）	劳务班组、周转材料进场申请单/机械租赁申请单	☐	☐	☐	☐
8	开始新的钢筋加工/订购新的钢筋成品	成品订购申请/结算单	☐	☐	☐	☐
9	开始新的混凝土搅拌/订购新的混凝土成品	成品订购申请/结算单	☐	☐	☐	☐
10	开始新的施工任务/配置劳务班组/配置水电	放置构件卡/填写派工单	☐	☐	☐	☐
11	施工领用材料（材料出库）/成品材料进入成品库/进废料场		☐	☐	☐	☐
12	支出宿舍闲置劳务班组待工费/风险事件判断	支付单	☐	☐	☐	☐
	项目施工阶段（月末）：					
1	工程量统计	工程量统计表				☐
2	甲方报量/申请项目进度款/支出税金	进度款申请/其他收入单				☐
3	资产变卖（竣工后方能进行统一变卖）	劳务结算/支付单				☐
4	支付上月欠付利息	周转材料、机械结算单				☐
5	劳务班组工费结算/支付/选择欠付	支付单				☐
6	模板租赁结算/支欠付、机械租赁费结算/支付	支付单				☐
7	现场管理费支付	支付单				☐
8	欠付还款	支付单				☐
9	支付贷款利息/归还贷款	进度款申请/其他收入单				☐
10	期间封账/经营核算	经营核算表格				☐

（2）月度项目报告（第2月）

每个空格只填写数字，为0时不填写。

■本月申请银行贷款_____万元人民币

■原材料采购：

月	原材料	采购数量
第二月	钢筋原材	
第二月	水泥原材	
第二月	砂石原材	

■本月风险预测措施投入：

周	安全投入	雨季投入
第5周		
第6周		
第7周		
第8周		

■本月现场劳务班组、模板、机械进出场：

◆劳务班组

		第5周	第6周	第7周	第8周
钢筋劳务班组	进场数量（个）				
	出场数量（个）				
模板劳务班组	进场数量（个）				
	出场数量（个）				
混凝土劳务班组	进场数量（个）				
	出场数量（个）				

◆模板

		第5周	第6周	第7周	第8周
模板	进场数量（m^2）				
	出场数量（m^2）				

◆机械

		第5周	第6周	第7周	第8周
钢筋加工机械	进场数量（台）				
	出场数量（台）				
混凝土机械	进场数量（台）				
	出场数量（台）				
小型发电机	进场数量（台）				
	出场数量（台）				

续表

		第5周	第6周	第7周	第8周
大型发电机	进场数量（台）				
	出场数量（台）				
小型供水泵	进场数量（台）				
	出场数量（台）				
大型供水泵	进场数量（台）				
	出场数量（台）				

◆成品订购

	第5周	第6周	第7周	第8周
钢筋成品（t）				
混凝土成品（m³）				

◆本月因闲置劳务班组支出待工费

	第5周	第6周	第7周	第8周
钢筋班组（万元）				
模板班组（万元）				
混凝土班组（万元）				

■风险事件损失：
◆材料风险损耗

	第5周	第6周	第7周	第8周
钢筋原材（t）				
水泥原材（t）				
砂石原材（t）				
成品钢筋（t）				
成品混凝土（m³）				

◆其他支出_____万元人民币

■工程量统计：

工序名称	施工状态	2月
绑钢筋	已经完成（t）	
	正在施工（t）	
支模板	已经完成（m²）	
	正在施工（m²）	

续表

工序名称	施工状态	2 月
浇筑混凝土	已经完成（m³）	
	正在施工（m³）	

■甲方报量：
◆本月报量收入_____万元人民币
◆本月税金支出_____万元人民币

■本月结算支付：

	结算金额	支付金额	本月欠付	欠付还款	支付上月欠付利息
劳务费用					
模板租赁费					
机械租赁费					
现场管理费					

结算金额：统计那些发生但还未支付的费用，运输费、待工费均已现金支付，故不作统计；
支付金额：对应本次结算金额所进行的支付，如果选择欠付，则在本月欠付体现；
欠付还款：是针对上月已选择欠付部分，在当月选择是否还款。

■本月贷款还款：

借贷方式		第2月
公司借款	还款金额	
	支付利息	
银行贷款	还款金额	
	支付利息	
高利贷	还款金额	
	支付利息	

■本月项目其他收入_____万元人民币
■本月月末现金结余_____万元人民币
■本月月末利润数值_____万元人民币（保留两位小数）

（3）紧急措施操作报告（第2月）
■本月紧急申请高利贷_____万元
■本月紧急申请劳务班组进场：

劳务班组紧急进场数量	时间			
	第5周	第6周	第7周	第8周
钢筋班组（个）				

续表

劳务班组紧急进场数量	时间			
	第5周	第6周	第7周	第8周
模板班组(个)				
混凝土班组(个)				
紧急运输费合计				

■本月紧急采购材料:

材料紧急采购数量	时间			
	第5周	第6周	第7周	第8周
钢筋原材(t)				
水泥原材(t)				
砂石原材(t)				
钢筋成品(t)				
混凝土成品(m^3)				
采购金额				
紧急费用				

■本月紧急租赁模板:

模板紧急租赁数量	时间			
	第5周	第6周	第7周	第8周
模板(m^2)				
运输费(万元)				

■本月紧急申请机械进场:

机械紧急进场数量	时间			
	第5周	第6周	第7周	第8周
钢筋加工机械(台)				
混凝土机械(台)				
小型发电机组(台)				
大型发电机组(台)				
小型供水泵机(台)				
大型供水泵机(台)				
额外运输费合计				

■本月紧急申请临设变更:

临时设施名称	现有容量	时间、变更容量			
		第5周	第6周	第7周	第8周
钢筋原材					
钢筋成品					

续表

临时设施名称	现有容量	时间、变更容量			
		第5周	第6周	第7周	第8周
水泥库房					
砂石库房					
模板库房					
劳务宿舍					
费用合计					
月度费用合计					

（4）现金流量记录（第2月）

此表用于财务经理在操作过程中对发生的现金收入、支出作以记录。

现金流量表

		第5周	第6周	第7周	第8周	合计
一、报量前现金流入（CI）						
1.1	上期现金结转					
1.2	公司借款					
1.3	银行贷款					
1.4	高利贷					
二、报量前现金流出（CO）						
2.1	临设建造					
2.2	劳务班组进、出场运输费					
2.3	周转材料（模板）进、出场运输费					
2.4	机械进、出场运输费					
2.5	原材料（钢筋、水泥、砂石）采购					
2.6	风险投入					
2.7	预定成品钢筋或成品混凝土					
2.8	支出待工费					
三、月末报量前现金结余（一－二）						
四、报量后现金流入（CI）						
4.1	甲方报量					
4.2	资产变卖、其他收入					
五、月中现金结余（三+四）						
六、报量后现金流出（CO）						
6.1	税金支出					

续表

		第5周	第6周	第7周	第8周	合计
6.2	劳务结算支付					
6.3	周转(模板租赁费)结算支付					
6.4	机械结算支付(租赁费)					
6.5	现场管理费支出					
6.6	偿还贷款					
6.7	贷款利息支出					
6.8	劳务费、其他费用欠付还款					
6.9	欠付利息支出					
6.10	其他支出					
八、净现金流(CI-CO)						

(5)工程量统计表(第2月)

项目工程量统计表　　　　　　　　第(2)月

项目已完工程量统计:

生产工序	本月已完成工程量	耗用材料数量					累计完成
		钢筋原材	水泥	砂石	钢筋成品	混凝土成品	
钢筋绑扎							
模板支撑							
混凝土浇筑							
合计							

项目在施工程量统计:

生产工序	本月在施工程量	耗用材料数量				
		钢筋原材	水泥	砂石	钢筋成品	混凝土成品
钢筋绑扎						
模板支撑						
混凝土浇筑						
合计						

说明:
➤ 统计完成工程量遵循0~100%原则,即全部完成的工序纳入统计,否则计入在施工程量;
➤ 本表每月末填写一张;
➤ 此表填写依据为过程中所填写派工单。

（6）采购经理—现场材料耗料表（第 2 月）

采购经理—现场材料耗料表

时间：第＿＿月

材料名称	期初剩余			本月收料			本月耗料			本月风险损耗			期末剩余		
	数量	单价	金额	数量	单价	金额	数量	单价	金额	数量	单价	金额	数量	单价	金额
钢筋															
水泥原材															
砂石原材															
预定的钢筋成品															
预定的混凝土成品															
合计															

说明：

➤ 本表每月末填写一张；

➤ 期初剩余：期初剩余数量及金额等于上月期末剩余数量及金额；

➤ 本月收料：根据当月材料采购单价以及现场成品材料消耗情况填写；

➤ 本月耗料：本月耗料数量见生产经理本月工程量统计表；

➤ 本月风险损耗：指如果现场因为发生风险事件或者现场堆放材料而造成的材料意外损耗，则计入本月风险损耗；

➤ 期末剩余：指现场未完成工序所使用的材料 加工区材料及现场库存材料之和；

➤ 表格自检：期初剩余数量＋本月收料数量＝本月耗料数量＋本月风险损耗数量＋期末剩余数量；

➤ 表格自检：期初剩余金额＋本月收料金额＝本月耗料金额＋本月风险损耗金额＋期末剩余金额。

结论：

➤ 本月材料费成本为：本月耗料金额＋本月风险损耗金额＝＿＿＿＿＿＿＿＿＿＿＿

(7)经营经理—成本统计表(第2月)

经营经理—成本统计表

➤ 工程完成百分比：   时间:第(   )月

合同预算总额	本月收入	累计收入	本月完成百分比

➤ 人工费(劳务费)成本：

	本月结算单金额	本月运输费	待工费	欠付利息	成本合计
人工费用					

➤ 模板费成本：

	本月结算单金额	本月发生运输费	欠付利息	成本合计
模板费用				

➤ 机械费成本：
◆ 机械使用费成本(钢筋/混凝土加工机械)

本月结算单结算金额	本月发生运输费	成本合计

◆ 大型机械费(发电机/供水泵机)

本月结算单结算金额	本月发生运输费	成本合计

➤ 临设费用成本摊销：

临设总支出费用	本月完成百分比	本月摊销成本

（8）财务经理—利润统计表（第2月）

财务经理—利润统计表　　　　　　　第（　　）月

费用项目	金额	数据说明
一、分部分项工程量(1+2+3+4)		
1.材料费		采购经理—耗料表
2.人工费		经营经理—成本统计表
3.机械使用费		经营经理—成本统计表
4.现场管理费		当月发生金额
二、措施项目(5+6+7+8+9)		
5.模板费用		经营经理—成本统计表
6.临设费（按本月摊销值计）		经营经理—成本统计表
7.大型机械费		经营经理—成本统计表
8.雨季、安全施工措施费		当月发生金额
9.贷款利息		当月发生金额
三、其他项目		其他支出
四、规费		无
五、税金		当月发生金额
六、合计(一+二+三+四+五)		
七、本月收入(10+11)		
10.报量收入		当月甲方报量金额
11.其他收入		合同预算之外收入
八、本月利润(七−六)		

说明：

➢ 本表由财务经理主填，需要其他岗位协助；

➢ 本条填写遵循成本核算原则见2.8.2节。

3.3.4　项目第3月操作

（1）沙盘操作表（第3月）

项目经理根据以下沙盘操作表，每读一项操作任务，指挥项目团队成员进行操作：

沙盘操作表

序号	任务清单		完成请打"√"				
	项目计划阶段：		使用单据/表		第3月		
1	申请公司借款		贷款/还款申请单				
2	临时设施搭建		临设申请单				

序号	任务清单	完成请打"√"				
	项目施工阶段(每月):					
1	申请银行贷款	贷款申请单	☐			
2	采购钢筋原材、水泥原材、砂石原材	原材料采购申请/结算单	☐			
	项目施工阶段(每周):					
1	雨季施工措施投入/安全施工措施投入	支付单	☐	☐	☐	☐
2	钢筋加工完成/上周订购的钢筋成品到场		☐	☐	☐	☐
3	混凝土加工完成/上周订购的混凝土成品到场		☐	☐	☐	☐
4	生产区在施工序完成施工(上周在施工序本周完成施工)		☐	☐	☐	☐
5	劳务班组退回宿舍/拆除模板必须先退至库房		☐	☐	☐	☐
6	现场劳务班组、模板、机械申请出场(从盘面撤离出场)	出场单	☐	☐	☐	☐
7	新的劳务班组、模板、机械申请进场(从盘面外托盘处新进)	劳务班组、周转材料进场申请单/机械租赁申请单	☐	☐	☐	☐
8	开始新的钢筋加工/订购新的钢筋成品	成品订购申请/结算单	☐	☐	☐	☐
9	开始新的混凝土搅拌/订购新的混凝土成品	成品订购申请/结算单	☐	☐	☐	☐
10	开始新的施工任务/配置劳务班组/配置水电	放置构件卡/填写派工单	☐	☐	☐	☐
11	施工领用材料(材料出库)/成品材料进入成品库/进废料场		☐	☐	☐	☐
12	支出宿舍闲置劳务班组待工费/风险事件判断		☐	☐	☐	☐
	项目施工阶段(月末):					
1	工程量统计	工程量统计表				☐
2	甲方报量/申请项目进度款/支出税金	进度款申请/其他收入单				☐
3	资产变卖(竣工后方能进行统一变卖)	进度款申请/其他收入单				☐
4	支付上月欠付利息	支付单				☐
5	劳务班组工费结算/支付/选择欠付	劳务结算单、支付单				☐
6	模板租赁结算/支欠付、机械租赁费结算/支付	周转、机械结算单/支付单				☐
7	现场管理费支付	支付单				☐
8	欠付还款	支付单				☐
9	支付贷款利息/归还贷款	支付单				☐
10	期间封账/经营核算	经营核算表格				☐

(2)月度项目报告(第3月)

每个空格只填写数字,为0时不填写。

■本月申请银行贷款_____万元人民币

■原材料采购：

月	原材料	采购数量
第三月	钢筋原材	
第三月	水泥原材	
第三月	砂石原材	

■本月风险预测措施投入：

周	安全投入	雨季投入
第 9 周		
第 10 周		
第 11 周		
第 12 周		

■本月现场劳务班组、模板、机械进出场：

◆劳务班组

		第 9 周	第 10 周	第 11 周	第 12 周
钢筋劳务班组	进场数量（个）				
	出场数量（个）				
模板劳务班组	进场数量（个）				
	出场数量（个）				
混凝土劳务班组	进场数量（个）				
	出场数量（个）				

◆模板

		第 9 周	第 10 周	第 11 周	第 12 周
模板	进场数量（m²）				
	出场数量（m²）				

◆机械

		第 9 周	第 10 周	第 11 周	第 12 周
钢筋加工机械	进场数量（台）				
	出场数量（台）				
混凝土机械	进场数量（台）				
	出场数量（台）				
小型发电机	进场数量（台）				
	出场数量（台）				

续表

		第 9 周	第 10 周	第 11 周	第 12 周
大型发电机	进场数量（台）				
	出场数量（台）				
小型供水泵	进场数量（台）				
	出场数量（台）				
大型供水泵	进场数量（台）				
	出场数量（台）				

◆成品订购

	第 9 周	第 10 周	第 11 周	第 12 周
钢筋成品（t）				
混凝土成品（m³）				

◆本月因闲置劳务班组支出待工费

	第 9 周	第 10 周	第 11 周	第 12 周
钢筋班组（万元）				
模板班组（万元）				
混凝土班组（万元）				

■风险事件损失：

◆材料风险损耗

	第 9 周	第 10 周	第 11 周	第 12 周
钢筋原材（t）				
水泥原材（t）				
砂石原材（t）				
成品钢筋（t）				
成品混凝土（m³）				

◆其他支出_____万元人民币

■工程量统计：

工序名称	施工状态	3 月
绑钢筋	已经完成（t）	
	正在施工（t）	
支模板	已经完成（m²）	
	正在施工（m²）	

续表

工序名称	施工状态	3 月
浇筑混凝土	已经完成（m³）	
	正在施工（m³）	

■甲方报量：

◆本月报量收入_____万元人民币

◆本月税金支出_____万元人民币

■本月结算支付：

	结算金额	支付金额	本月欠付	欠付还款	支付上月欠付利息
劳务费用					
模板租赁费					
机械租赁费			/	/	/
现场管理费			/	/	/

结算金额：统计那些发生但还未支付的费用，运输费、待工费均已现金支付，故不作统计；

支付金额：对应本次结算金额所进行的支付，如果选择欠付，则在本月欠付体现；

欠付还款：是针对上月已选择欠付部分，在当月选择是否还款。

■本月贷款还款：

借贷方式		第 3 月
公司借款	还款金额	
	支付利息	
银行贷款	还款金额	
	支付利息	
高利贷	还款金额	
	支付利息	

■本月项目其他收入_____万元人民币

■本月月末现金结余_____万元人民币

■本月月末利润数值_____万元人民币（保留两位小数）

（3）紧急措施操作报告（第 3 月）

■本月紧急申请高利贷_____万元

■本月紧急申请劳务班组进场：

劳务班组紧急进场数量	时间			
	第9周	第10周	第11周	第12周
钢筋班组(个)				
模板班组(个)				
混凝土班组(个)				
紧急运输费合计				

■本月紧急采购材料：

材料紧急采购数量	时间			
	第9周	第10周	第11周	第12周
钢筋原材(t)				
水泥原材(t)				
砂石原材(t)				
钢筋成品(t)				
混凝土成品(m³)				
采购金额				
紧急费用				

■本月紧急租赁模板：

模板紧急租赁数量	时间			
	第9周	第10周	第11周	第12周
模板(m²)				
运输费(万元)				

■本月紧急申请机械进场：

机械紧急进场数量	时间			
	第9周	第10周	第11周	第12周
钢筋加工机械(台)				
混凝土机械(台)				
小型发电机组(台)				
大型发电机组(台)				
小型供水泵机(台)				
大型供水泵机(台)				
额外运输费合计				

■本月紧急申请临设变更：

临时设施名称	现有容量	时间、变更容量			
		第9周	第10周	第11周	第12周
钢筋原材					

续表

临时设施名称	现有容量	时间、变更容量			
		第9周	第10周	第11周	第12周
钢筋成品					
水泥库房					
砂石库房					
模板库房					
劳务宿舍					
费用合计					
月度费用合计					

（4）现金流量记录（第3月）

此表用于财务经理在操作过程中对发生的现金收入、支出作以记录。

现金流量表

	第9周	第10周	第11周	第12周	合计
一、报量前现金流入（CI）					
1.1　上期现金结转					
1.2　公司借款					
1.3　银行贷款					
1.4　高利贷					
二、报量前现金流出（CO）					
2.1　临设建造					
2.2　劳务班组进、出场运输费					
2.3　周转材料（模板）进、出场运输费					
2.4　机械进、出场运输费					
2.5　原材料（钢筋、水泥、砂石）采购					
2.6　风险投入					
2.7　预定成品钢筋或成品混凝土					
2.8　支出待工费					
三、月末报量前现金结余（一－二）					
四、报量后现金流入（CI）					
4.1　甲方报量					
4.2　资产变卖、其他收入					
五、月中现金结余（三＋四）					
六、报量后现金流出（CO）					

续表

		第9周	第10周	第11周	第12周	合计
6.1	税金支出					
6.2	劳务结算支付					
6.3	周转(模板租赁费)结算支付					
6.4	机械结算支付(租赁费)					
6.5	现场管理费支出					
6.6	偿还贷款					
6.7	贷款利息支出					
6.8	劳务费、其他费用欠付还款					
6.9	欠付利息支出					
6.10	其他支出					
八、净现金流(CI-CO)						

(5)工程量统计表(第3月)

项目工程量统计表　　　　　　　　　　　　　　　　　　第(3)月

项目已完工程量统计：

生产工序	本月已完成工程量	耗用材料数量					累计完成
		钢筋原材	水泥	砂石	钢筋成品	混凝土成品	
钢筋绑扎							
模板支撑							
混凝土浇筑							
合计							

项目在施工程量统计：

生产工序	本月在施工程量	耗用材料数量				
		钢筋原材	水泥	砂石	钢筋成品	混凝土成品
钢筋绑扎						
模板支撑						
混凝土浇筑						
合计						

说明：
➢ 统计完成工程量遵循0~100%原则，即全部完成的工序纳入统计，否则计入在施工程量；
➢ 本表每月末填写一张；
➢ 此表填写依据为过程中所填写派工单。

（6）采购经理—现场材料耗料料表（第3月）

采购经理—现场材料耗料表

时间：第____月

材料名称	期初剩余			本月收料			本月耗料			本月风险损耗			期末剩余		
	数量	单价	金额	数量	单价	金额	数量	单价	金额	数量	单价	金额	数量	单价	金额
钢筋															
水泥原材															
砂石原材															
预定的钢筋成品															
预定的混凝土成品															
合计															

说明：

➤ 本表每月末填写一张；

➤ 期初剩余：期初剩余数量及金额等于上月末剩余数量及金额；

➤ 本月收料：根据当月材料采购单以及现场成品材料消耗情况填写；

➤ 本月耗料：本月耗料数量见生产经理本月工程量统计表；

➤ 本月风险损耗：指如采现场因为发生风险事件或者现场堆放的材料意外造成的材料及现场库存材料之和；

➤ 期末剩余：指现场未完成工序所使用的材料，加工区材料及现场库存；

➤ 表格自检：期末剩余数量＝本月耗料数量＋本月收料数量＋本月风险损耗数量＋期末剩余数量；

➤ 表格自检：期初剩余金额＋本月收料金额＝本月耗料金额＋本月风险损耗金额＋期末剩余金额。

结论：

➤ 本月材料费成本为：本月耗料金额＋本月风险损耗金额 = ＿＿＿＿＿＿＿

(7)经营经理—成本统计表(第3月)

经营经理—成本统计表

➤ 工程完成百分比:　　　　　　　　　　　　　　　　　　时间:第(　　)月

合同预算总额	本月收入	累计收入	本月完成百分比

➤ 人工费(劳务费)成本:

	本月结算单金额	本月运输费	待工费	欠付利息	成本合计
人工费用					

➤ 模板费成本:

	本月结算单金额	本月发生运输费	欠付利息	成本合计
模板费用				

➤ 机械费成本:

◆ 机械使用费成本(钢筋/混凝土加工机械)

本月结算单结算金额	本月发生运输费	成本合计

◆ 大型机械费(发电机/供水泵机)

本月结算单结算金额	本月发生运输费	成本合计

➤ 临设费用成本摊销:

临设总支出费用	本月完成百分比	本月摊销成本

（8）财务经理—利润统计表（第3月）

财务经理—利润统计表　　　　　　　　　　第（　　）月

费用项目	金额	数据说明
一、分部分项工程量(1+2+3+4)		
1.材料费		采购经理—耗料表
2.人工费		经营经理—成本统计表
3.机械使用费		经营经理—成本统计表
4.现场管理费		当月发生金额
二、措施项目(5+6+7+8+9)		
5.模板费用		经营经理—成本统计表
6.临设费(按本月摊销值计)		经营经理—成本统计表
7.大型机械费		经营经理—成本统计表
8.雨季、安全施工措施费		当月发生金额
9.贷款利息		当月发生金额
三、其他项目		其他支出
四、规费		无
五、税金		当月发生金额
六、合计(一+二+三+四+五)		
七、本月收入(10+11)		
10.报量收入		当月甲方报量金额
11.其他收入		合同预算之外收入
八、本月利润(七-六)		

说明：

➢ 本表由财务经理主填，需要其他岗位协助；

➢ 本条填写遵循成本核算原则见2.8.2节。

3.3.5　项目第4月操作

（1）沙盘操作表（第4月）

项目经理根据以下沙盘操表，每读一项操作任务，指挥项目团队成员进行操作：

沙盘操作表

序号	任务清单	完成请打"√"		
	项目计划阶段：	使用单据/表	第4月	
1	申请公司借款	贷款/还款申请单		
2	临时设施搭建	临设申请单		

续表

序号	任务清单	完成请打"√"				
	项目施工阶段(每月):					
1	申请银行贷款	贷款申请单	☐			
2	采购钢筋原材、水泥原材、砂石原材	原材料采购申请/结算单	☐			
	项目施工阶段(每周):					
1	雨季施工措施投入/安全施工措施投入	支付单	☐	☐	☐	☐
2	钢筋加工完成/上周订购的钢筋成品到场		☐	☐	☐	☐
3	混凝土加工完成/上周订购的混凝土成品到场		☐	☐	☐	☐
4	生产区在施工序完成施工(上周在施工序本周完成施工)		☐	☐	☐	☐
5	劳务班组退回宿舍/拆除模板必须先退至库房		☐	☐	☐	☐
6	现场劳务班组、模板、机械申请出场(从盘面撤离出场)	出场单	☐	☐	☐	☐
7	新的劳务班组、模板、机械申请进场(从盘面外托盘处新进)	劳务班组、周转材料进场申请单/机械租赁申请单	☐	☐	☐	☐
8	开始新的钢筋加工/订购新的钢筋成品	成品订购申请/结算单	☐	☐	☐	☐
9	开始新的混凝土搅拌/订购新的混凝土成品	成品订购申请/结算单	☐	☐	☐	☐
10	开始新的施工任务/配置劳务班组/配置水电	放置构件卡/填写派工单	☐	☐	☐	☐
11	施工领用材料(材料出库)/成品材料进入成品库/进废料场		☐	☐	☐	☐
12	支出宿舍闲置劳务班组待工费/风险事件判断	支付单	☐	☐	☐	☐
	项目施工阶段(月末):					
1	工程量统计	工程量统计表				☐
2	甲方报量/申请项目进度款/支出税金	进度款申请/其他收入单				☐
3	资产变卖(竣工后方能进行统一变卖)	进度款申请/其他收入单				☐
4	支付上月欠付利息	支付单				☐
5	劳务班组工费结算/支付/选择欠付	劳务结算单、支付单				☐
6	模板租赁结算/支欠付、机械租赁费结算/支付	周转、机械结算单/支付单				☐
7	现场管理费支付	支付单				☐
8	欠付还款	支付单				☐
9	支付贷款利息/归还贷款	支付单				☐
10	期间封账/经营核算	经营核算表格				☐

(2)月度项目报告(第4月)

每个空格只填写数字,为0时不填写。

■本月申请银行贷款_____万元人民币

■原材料采购：

月	原材料	采购数量
第三月	钢筋原材	
第三月	水泥原材	
第三月	砂石原材	

■本月风险预测措施投入：

周	安全投入	雨季投入
第9周		
第10周		
第11周		
第12周		

■本月现场劳务班组、模板、机械进出场：

◆劳务班组

		第13周	第14周	第15周	第16周
钢筋劳务班组	进场数量（个）				
	出场数量（个）				
模板劳务班组	进场数量（个）				
	出场数量（个）				
混凝土劳务班组	进场数量（个）				
	出场数量（个）				

◆模板

		第13周	第14周	第15周	第16周
模板	进场数量（m²）				
	出场数量（m²）				

◆机械

		第13周	第14周	第15周	第16周
钢筋加工机械	进场数量（台）				
	出场数量（台）				
混凝土机械	进场数量（台）				
	出场数量（台）				
小型发电机	进场数量（台）				
	出场数量（台）				

续表

		第 13 周	第 14 周	第 15 周	第 16 周
大型发电机	进场数量（台）				
	出场数量（台）				
小型供水泵	进场数量（台）				
	出场数量（台）				
大型供水泵	进场数量（台）				
	出场数量（台）				

◆成品订购

	第 13 周	第 14 周	第 15 周	第 16 周
钢筋成品（t）				
混凝土成品（m³）				

◆本月因闲置劳务班组支出待工费

	第 13 周	第 14 周	第 15 周	第 16 周
钢筋班组（万元）				
模板班组（万元）				
混凝土班组（万元）				

■风险事件损失：

◆材料风险损耗

	第 13 周	第 14 周	第 15 周	第 16 周
钢筋原材（t）				
水泥原材（t）				
砂石原材（t）				
成品钢筋（t）				
成品混凝土（m³）				

◆其他支出_____万元人民币

■工程量统计：

工序名称	施工状态	4 月
绑钢筋	已经完成（t）	
	正在施工（t）	
支模板	已经完成（m²）	
	正在施工（m²）	

续表

工序名称	施工状态	4月
浇筑混凝土	已经完成(m³)	
	正在施工(m³)	

■甲方报量：

◆本月报量收入_____万元人民币

◆本月税金支出_____万元人民币

■本月结算支付：

	结算金额	支付金额	本月欠付	欠付还款	支付上月欠付利息
劳务费用					
模板租赁费					
机械租赁费			/	/	/
现场管理费			/	/	/

结算金额：统计那些发生但还未支付的费用,运输费、待工费均已现金支付,故不作统计;

支付金额：对应本次结算金额所进行的支付,如果选择欠付,则在本月欠付体现;

欠付还款：是针对上月已选择欠付部分,在当月选择是否还款。

■本月贷款还款：

借贷方式	还款金额	支付利息
公司借款		
银行贷款		
高利贷		

■本月项目其他收入_____万元人民币

■本月月末现金结余_____万元人民币

■本月月末利润数值_____万元人民币(保留两位小数)

(3)紧急措施操作报告(第4月)

■本月紧急申请高利贷_____万元

■本月紧急申请劳务班组进场：

劳务班组紧急进场数量	时间			
	第 13 周	第 14 周	第 15 周	第 16 周
钢筋班组（个）				
模板班组（个）				
混凝土班组（个）				
紧急运输费合计				

■本月紧急采购材料：

材料紧急采购数量	时间			
	第 13 周	第 14 周	第 15 周	第 16 周
钢筋原材（t）				
水泥原材（t）				
砂石原材（t）				
钢筋成品（t）				
混凝土成品（m³）				
采购金额				
紧急费用				

■本月紧急租赁模板：

模板紧急租赁数量	时间			
	第 13 周	第 14 周	第 15 周	第 16 周
模板（m²）				
运输费（万元）				

■本月紧急申请机械进场：

机械紧急进场数量	时间			
	第 13 周	第 14 周	第 15 周	第 16 周
钢筋加工机械（台）				
混凝土机械（台）				
小型发电机组（台）				
大型发电机组（台）				
小型供水泵机（台）				
大型供水泵机（台）				
额外运输费合计				

■本月紧急申请临设变更：

临时设施名称	现有容量	时间、变更容量			
		第13周	第14周	第15周	第16周
钢筋原材					
钢筋成品					
水泥库房					
砂石库房					
模板库房					
劳务宿舍					
费用合计					
月度费用合计					

（4）现金流量记录（第4月）

此表用于财务经理在操作过程中对发生的现金收入、支出作以记录。

现金流量表

		第13周	第14周	第15周	第16周	合计
一、报量前现金流入（CI）						
1.1	上期现金结转					
1.2	公司借款					
1.3	银行贷款					
1.4	高利贷					
二、报量前现金流出（CO）						
2.1	临设建造					
2.2	劳务班组进、出场运输费					
2.3	周转材料（模板）进、出场运输费					
2.4	机械进、出场运输费					
2.5	原材料（钢筋、水泥、砂石）采购					
2.6	风险投入					
2.7	预定成品钢筋或成品混凝土					
2.8	支出待工费					
三、月末报量前现金结余（一－二）						
四、报量后现金流入（CI）						
4.1	甲方报量					
4.2	资产变卖、其他收入					
五、月中现金结余（三+四）						
六、报量后现金流出（CO）						
6.1	税金支出					
6.2	劳务结算支付					

续表

		第13周	第14周	第15周	第16周	合计
6.3	周转(模板租赁费)结算支付					
6.4	机械结算支付(租赁费)					
6.5	现场管理费支出					
6.6	偿还贷款					
6.7	贷款利息支出					
6.8	劳务费、其他费用欠付还款					
6.9	欠付利息支出					
6.10	其他支出					
八、净现金流(CI-CO)						

(5)工程量统计表(第4月)

项目工程量统计表　　　　　　第(4)月

项目已完工程量统计:

生产工序	本月已完成工程量	耗用材料数量					累计完成
		钢筋原材	水泥	砂石	钢筋成品	混凝土成品	
钢筋绑扎							
模板支撑							
混凝土浇筑							
合计							

项目在施工程量统计:

生产工序	本月在施工程量	耗用材料数量				
		钢筋原材	水泥	砂石	钢筋成品	混凝土成品
钢筋绑扎						
模板支撑						
混凝土浇筑						
合计						

说明:

> 统计完成工程量遵循0~100%原则,即全部完成的工序纳入统计,否则计入在施工程量;

> 本表每月末填写一张;

> 此表填写依据为过程中所填写派工单。

（6）采购经理—现场材料耗料表（第 4 月）

采购经理—现场材料耗料表

时间：第____月

材料名称	期初剩余			本月收料			本月耗料			本月风险损耗			期末剩余		
	数量	单价	金额	数量	单价	金额	数量	单价	金额	数量	单价	金额	数量	单价	金额
钢筋															
水泥原材															
砂石原材															
预定的钢筋成品															
预定的混凝土成品															
合计															

说明：
➤ 本表每月末填写一张；
➤ 期初剩余：期初剩余数量及金额等于上月末期末剩余数量及金额；
➤ 本月收料：根据当月材料采购单以及现场成品材料消耗情况填写；
➤ 本月耗料：本月耗料数量见生产经理本月工程量统计表；
➤ 本月风险损耗：指本月现场因为发生风险事件或者现场堆放材料而造成的材料意外损耗，则计入本月风险损耗；
➤ 期末剩余：指现场本完成工序所使用的材料 加工区材料及现场库存材料之和；
➤ 表格自检：期初剩余数量＝本月耗料数量＋本月风险损耗数量＋期末剩余数量；
➤ 表格自检：期初剩余金额＝本月耗料金额＋本月风险损耗金额＋期末剩余金额。

结论：

➤ 本月材料费成本为：本月耗料金额＋本月风险损耗金额＝_____

(7)经营经理—成本统计表(第4月)

经营经理—成本统计表

➤ 工程完成百分比: 时间:第(4)月

合同预算总额	本月收入	累计收入	本月完成百分比

➤ 人工费(劳务费)成本:

	本月结算单金额	本月运输费	待工费	欠付利息	成本合计
人工费用					

➤ 模板费成本:

	本月结算单金额	本月发生运输费	欠付利息	成本合计
模板费用				

➤ 机械费成本:
◆ 机械使用费成本(钢筋/混凝土加工机械)

本月结算单结算金额	本月发生运输费	成本合计

◆ 大型机械费(发电机/供水泵机)

本月结算单结算金额	本月发生运输费	成本合计

➤ 临设费用成本摊销:

临设总支出费用	本月完成百分比	本月摊销成本

（8）财务经理—利润统计表（第4月）

财务经理—利润统计表   第（4）月

费用项目	金额	数据说明
一、分部分项工程量（1+2+3+4）		
1.材料费		采购经理—耗料表
2.人工费		经营经理—成本统计表
3.机械使用费		经营经理—成本统计表
4.现场管理费		当月发生金额
二、措施项目（5+6+7+8+9）		
5.模板费用		经营经理—成本统计表
6.临设费（按本月摊销值计）		经营经理—成本统计表
7.大型机械费		经营经理—成本统计表
8.雨季、安全施工措施费		当月发生金额
9.贷款利息		当月发生金额
三、其他项目		其他支出
四、规费		无
五、税金		当月发生金额
六、合计（一+二+三+四+五）		
七、本月收入（10+11）		
10.报量收入		当月甲方报量金额
11.其他收入		合同预算之外收入
八、本月利润（七-六）		

说明：

➤ 本表由财务经理主填，需要其他岗位协助；

➤ 本条填写遵循成本核算原则见2.8.2节。

3.3.6　战况揭晓

至此，我们已经完全自主地完成了世纪大桥工程项目，究竟谁是最大的赢家呢？下面就让我们在PMST课程分析工具的辅助下，揭晓本次挑战的最终结果。

组别	进度	利润/万元	团队协作	奖励纸条数量	综合排名
第一组					
第二组					
第三组					
第四组					

续表

组别	进度	利润/万元	团队协作	奖励纸条数量	综合排名
第五组					
第六组					

你或许还有很多想法需要与大家分享,那么我们一起来把这个项目活动做个小结吧!

◆项目进度情况:

◆项目成本情况:

◆团队协作情况:

◆我们所收获的经验和教训:

本章小结

将本章作为PMST课程的主要内容之一,是在前一章所学内容上的进阶,要求学生独立完成一个较为复杂的模拟工程项目——世纪大桥的策划及实施过程。学习过程中让学生充分领略到PMST课程带给学生全新的乐趣,进一步培养学生的竞争意识和团队协作精神;项目挑战活动结束时,在各小组之间分享学习体会,提高对PMST课程的掌握程度。

关键术语

项目策划　项目执行

习题

1. 做项目策划时需要考虑哪些问题？

2. 如何保证执行过程的正确性？

3. 你们小组在月末总结时,所得利润值与计算机计算的利润值一致吗？若不一致,试分析产生差异的原因。

第4章 PMST总结

本章教学要点

知识要点	掌握程度	相关知识
课程考核与评价	熟悉	考核要点　评价标准
课程学习感悟	了解	教师感悟　学生感悟
总结报告撰写	掌握	报告撰写的基本要求
课程建设要点	了解	立体化课程建设

PMST课程是集智慧性、体验性、博弈性于一体的实训课程,其学习和比赛过程充满了挑战性。及时总结和交流课程学习及参赛体会,深度剖析小组团队成败之所在,有利于巩固理论知识、总结实战经验、提升活动能力。

4.1 PMST考核与评价

4.1.1 课程教学考核与评价

如果将PMST课程列入集中实训课程,在课程实训结束后,为了考核学生对知识和技能的掌握情况,指导教师可根据实训表现、实训成果、实训总结等内容,从以下要点综合评定学生成绩:

①每组学生模拟训练的净利润情况,占50%。

②在模拟训练中所担任角色完成任务情况,占20%。

③组织纪律、工作态度,职业道德方面的表现,占10%。

④实训结束后学生的个人总结,占20%。

成绩采用两级计分制(合格、不合格)予以评定,单独记入学生成绩册。

如果将PMST课程列入日常分散教学课程,在课程学习结束后,期末考核要求各团队完成一个难易程度适中新的工程项目的实战演练,包括项目策划和项目执行两大内容。根据各团队的经营业绩,对团队成员进行评价。该项占课程评分的60%。

平时作业分为两部分:模拟演练评价——小组每个成员按角色记录操作步骤结果,及对遇到的问题所进行的思考;课程总结报告——主要总结沙盘模拟实训的感受和存在的问题。该项占课程评分的40%。

4.1.2 沙盘大赛考核与评价

"广联达杯"全国高校沙盘大赛在利用辅助分析工具评价参赛团队优劣时,分策划得分、成员绩效得分及项目小组得分 3 部分制定了如下规则：

1）策划得分

（1）进度计划考核：20 分

本项共 20 分，进度计划各个工序搭接的正确性，出现一次错误，扣除 20 分；工期每延迟一周扣罚 5 分，扣完为止。

（2）工程量是否全部完成考核：3 分

本项共 3 分，钢筋、模板、混凝土 3 项工序每出现一处工程量未全部完成扣罚 1 分，扣完为止；此项错误则利润得分为 0 分。

（3）竣工后现场是否有剩余资源考核：2 分

本项共 2 分，劳务班组、机械、模板、材料，每剩余一处扣罚 1 分，扣完为止；此项错误则利润得分为 0 分。

（4）消耗材料是否满足项目要求：4 分

本项共 4 分，钢筋/成品钢筋，混凝土/成品混凝土两项消耗材料，每项数量与工程项目数量不一致，扣罚 1 分，最多扣 2 分；钢筋/成品钢筋，混凝土/成品混凝土两项消耗材料，每项采购时点与使用时点不一致，扣罚 1 分，最多扣 2 分；此项错误则利润得分为 0 分。

（5）周转材料是否满足项目要求：4 分

本项共 4 分，模板采购计划中采购量不能满足项目要求，出现一次扣 4 分，此项错误则利润得分为 0 分；模板采购计划中提前出场而使模板不能满足项目要求，出现一次扣 4 分，此项错误则利润得分为 0 分；模板使用计划中使用量不能满足项目要求，每出现一次扣 1 分，扣完为止。

（6）劳务资源是否满足项目要求：2 分

本项共 2 分，当劳务待工出现负数时，证明现场劳务资源匹配不合理，扣罚 2 分；此项错误则利润得分为 0 分。

（7）市场资源使用是否符合项目可用资源限制：2 分

本项共 2 分，当劳务班组使用数量超过市场可用资源，扣罚 2 分；此项错误则利润得分为 0 分。

（8）机械设备是否满足项目要求：4 分

本项共 4 分，未配备应有机械，扣罚 4 分；发电、供水机械任意项出现错误，扣罚 4 分，此项错误则利润得分为 0 分；加工机械任意项出现错误一次扣罚 1 分，扣完为止。

（9）临时设施是否合理判断：3 分

本项共 3 分，当任意一项库房或宿舍容量小于现场材料或劳务班组应用容量时，扣罚 3 分，此项错误则利润得分为 0 分；任意库房或劳务宿舍容量大于应用容量时，每项扣 1 分，扣完为止。

（10）完成工程量填写是否正确：3 分

本项共 3 分，当任意一个月度完成工程量填写值与施工进度计划不匹配，扣罚 3 分，此项错误则利润得分为 0 分。

（11）在施工程量填写是否正确：2 分

本项共 2 分，当任意一个月度在施工程量填写值与施工进度计划不匹配，扣罚 2 分。

(12)措施项目是否满足项目要求:2 分

本项共 2 分,安全措施投入/雨季措施投入,每出现一次错误扣罚 1 分;扣完为止。措施投入未达到累计应投值,则按照少投部分的 2 倍进行罚款。

(13)现金流是否有缺口判断:4 分

本项共 4 分,现金流计划表中月末报量前是否出现负数,每出现一次扣罚 1 分,月末现金结余是否出现负数,每出现一次扣罚 1 分,扣完为止;此项错误则利润得分为 0 分。

(14)是否有未偿还的贷款和欠款判断:2 分

本项共 2 分,当出现未偿还的贷款和欠款时各扣 1 分;此项错误则利润按偿还贷款和欠款后的实际值计算。

(15)其他收入填写是否正确:3 分

其他收入填写超过应收值,扣罚 3 分,此项错误则按实际应收其他收入计算;其他收入填写小于应收值,扣罚 1 分;此项错误则按填写值计算。

(16)如以上无误,利润得分考核:40 分

本项共 40 分,当利润为负数或零时,该项得分为零;当大于等于最佳答案利润值时得分为 40 分;为中间值时,按计划利润与最佳利润的比例乘以 40 分所得值(四舍五入,取整数)为本项得分。

2)成员绩效得分

5 个角色岗位的绩效考核,分为月度考核和整体考核两部分,最后综合评价总成绩。各岗位考核评分标准如下:

(1)财务经理

月度考核内容:

A. 利息支出偏差考核:每月 10 分,考察利息是否按照规定利率支出,如错误支出,则此项为零;

B. 项目是否使用高利贷贷款:每月 10 分,考察每月项目是否因现金断流而申请高利贷,如果申请,则此项为零;

C. 现金流是否有缺口:每月 20 分,考察每月现金流计划表中月末报量前及月末现金结余是否出现负数是否出现负数(不含怠工费,怠工费出现负数不扣本项分值),如出现负数,则此项为零;

D. 项目现金流误差考核:每月 30 分,考察每月末现金剩余是否与分析软件所得现金剩余一致,如果不一致,此项为零;

E. 项目利润核算考核:每月 30 分,考察每月项目利润核算是否与分析软件一致,如果不一致,此项为零;

完工考核内容:

F. 利息与标准答案偏差考核:分值 20 分,考察利息支出金额与标准答案利息支出的偏差,与标准答案相比每多出 1 万元,扣除 5 分,扣完为止;

G. 其他收入计算是否正确:分值 20 分,其他收入填写超过应收值,则此项为零;其他收入填写低于应收值,每低 1 万元扣除 5 分,扣完为止;

H. 是否有未偿还的贷款和欠款判断:分值 20 分,当出现未偿还的贷款和欠款,则此项

为零;

I. 利润得分:分值40分,本项得分按本组利润/标准答案的百分比乘本项分值计算。

$$最后得分=月度考核平均分×50\%+完工考核×50\%$$

（2）采购经理

月度考核内容:

A. 项目材料损耗考核:每月20分,考察当月是否有材料损耗发生,有材料损耗扣罚10分;

B. 消耗材料是否满足项目要求:每月40分,考察当月消耗材料是否符合施工进度计划,无法满足,则此项为零;

C. 周转材料是否满足项目要求:每月40分,考察当月周转材料是否符合施工进度计划,无法满足,则此项为零;

完工考核内容:

D. 临时设施容量考核:分值10分,当任意一项库房或宿舍容量小于现场材料或劳务班组应用容量时,则此项为零;每一项库房或劳务宿舍容量大于应用容量时,每项扣罚2分,扣完为止;

E. 消耗材料采购成本偏差考核:分值20分,考核资源采购成本偏差考核=20分-[（临时设施+机械+材料）成本与标准答案相比每高出1万元]×2分,扣完为止;

F. 周转材料采购成本偏差考核:分值20分,考核周转材料采购成本偏差考核=20分-[（租赁费+运输费）成本与标准答案相比每高出1万元]×5分;

G. 竣工后是否有剩余资源（劳务班组、机械、消耗材料、周转材料）:分值10分,劳务班组、机械、消耗材料、周转材料,剩余一处,则此项为零;

H. 利润得分:分值40分,本项得分按本组利润/标准答案的百分比乘本项分值计算。

$$最后得分=月度考核平均分×50\%+完工考核×50\%$$

（3）经营经理

月度考核内容:

A. 项目成本绩效:每月50分,考核每月项目CPI,CPI考核=50分-（与标准答案的CPI差值）×100分;

B. 劳务结算偏差:每月20分,偏差考核=20分-（待工费计算、劳务费结算两项每错一项）×2分;

C. 周转、机械结算偏差:每月20分,结算偏差考核=20分-（周转材料结算与机械结算两项每错一项）×2分;

D. 其他结算偏差:每月10分,其他结算偏差考核=10分-（报量收入结算与现场管理费结算两项,每错一项）×2分;

完工考核内容:

E. 利润得分:分值100分,本项得分按本组利润/标准答案的百分比乘本项分值计算。

$$最后得分=月度考核平均分×80\%+完工考核×20\%$$

（4）生产经理

月度考核内容:

A. 进度绩效:每月 40 分,进度绩效考核＝40 分－(SPI 与标准答案的 SPI 偏差)×100 分;

B. 工程量统计是否正确:每月 20 分,考核工程量每月是否按实际进度填写正确,出现一次错误,则此项为零;

C. 劳务资源是否满足项目要求:每月 40 分,考核每月在场的劳务资源与完成工程量是否匹配,出现一次错误,则此项为零;

完工考核内容:

D. 模板闲置:分值 10 分,模板闲置考核＝10 分－(与标准答案相比每多出 1 万元)×2 分;

E. 消耗材料采购成本偏差考核:分值 10 分,考核资源采购成本偏差考核＝20 分－[(临时设施＋机械＋材料)成本与标准答案相比每高出 1 万元]×2 分,扣完为止;

F. 劳务待工费考核:分值 10 分,劳务待工费费考核＝10 分－(与标准答案相比每多出 1 万元)×2 分;

G. 市场可用资源判断:分值 10 分,考察项目投入的劳务资源是否超出市场可用的劳务班组数量,如超出可用数量,则此项为零;

H. 工期是否满足要求:分值 20 分,考察总工期是否满足合同要求,超出合同约定工期,此项为 0 分;

I. 利润得分:分值 40 分,本项得分按本组利润/标准答案的百分比乘本项分值计算。

最后得分＝月度考核平均分×40%＋完工考核×60%

(5)项目经理

月度考核内容:

A. 项目成本绩效:每月 40 分,项目 CPI 考核＝经营经理 CPI 得分;

B. 项目进度绩效:每月 40 分,项目 SPI 考核＝生产经理 SPI 得分;

C. 项目其他支出考核:每月 5 分,其他支出考核＝有其他支出此项得分为零;

D. 紧急资源进出场得分考核:每月 5 分,紧急资源进出场得分考核＝有紧急进出场则此项得分为零;

E. 风险投入是否满足项目要求:每月 10 分,每月安全及雨季施工措施费投入是否满足项目要求,出现一处错误,则此项为零;

完工考核内容:

F. 工期是否满足要求:分值 40 分,考察总工期是否满足合同要求,超出合同约定工期,此项为 0 分;

G. 利润得分:分值 60 分,本项得分按本组利润/标准答案的百分比乘本项分值计算。

最后得分＝月度考核平均分×60%＋完工考核×40%

3)项目小组得分(执行得分)

执行得分由团队得分＋核算考核得分＋利润得分构成,团队成员得分占执行总分的 30%＋核算考核得分占执行得分的 10%＋利润得分占执行得分的 60%。其中核算考核部分,考核每月月末剩余现金与软件计算是否一致 5%＋每月月末利润核算与软件计算是否一致 5%。

4.1.3 广联达工程项目管理考核系统 GSTA-V1.0 介绍

广联达工程项目管理考核系统 GSTA-V1.0 使得在施工项目管理沙盘模拟课程授课过程

中,可以对学生的操作成绩进行汇总查询和排名,使老师在日常的授课过程中可以更简便快捷地对学生成绩进行评价,更加入了自定义工程的个性化功能,使学生可以通过更多不同的工程项目对工程项目的进度、资源、成本、资金进行管理。

1)界面

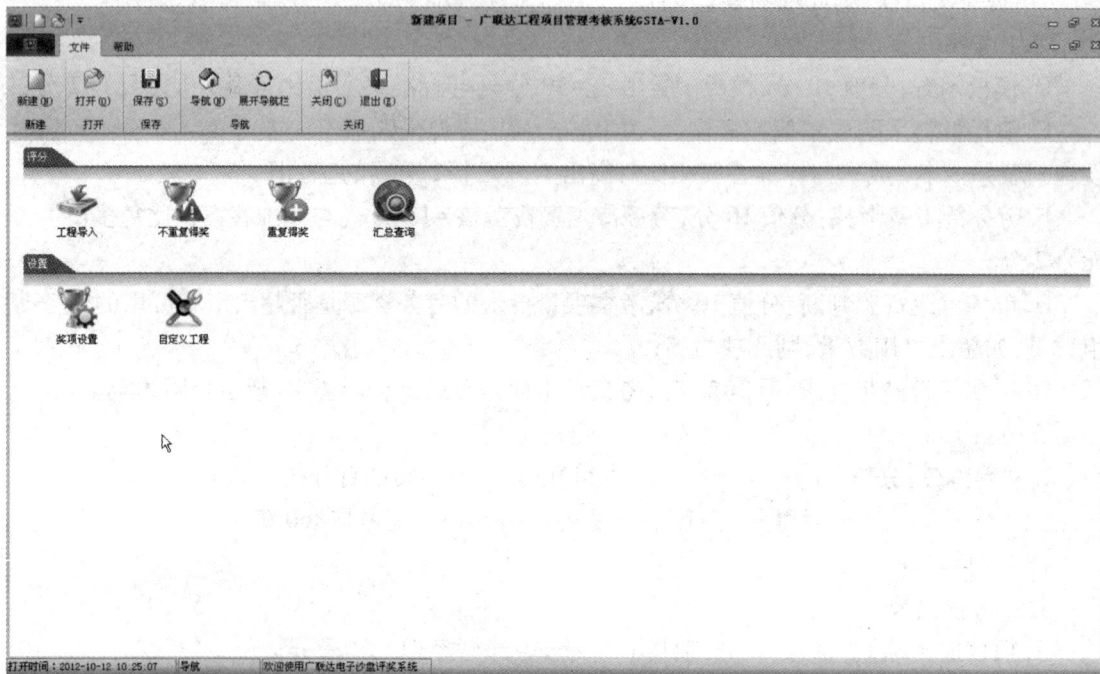

2)功能介绍

考核系统 GSTA 含有 4 项主要功能:汇总查询、排名评奖、自定义工程、设置操作模式。

➤ 汇总查询:查询所有小组项目状态、得分、利润等信息;

➤ 排名评奖:模拟大赛环境设置奖项及数量、选择获奖方式、查看获奖小组信息;

➤ 自定义工程:根据提示步骤根据教学需要自行定义工程项目资料、市场信息等内容;

➤ 设置操作模式:定义出用于一般教学环境下使用的练习模式和比赛或考试环境下的大赛模式。

3)工程导入

(1)界面

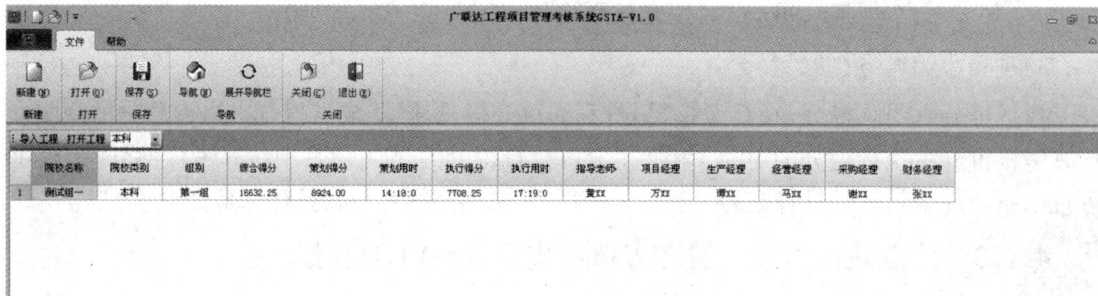

（2）功能介绍

汇总查看各小组基本信息，导入各小组院校名称、组别、成绩、岗位人员名单等信息。

4）自定义工程

（1）界面

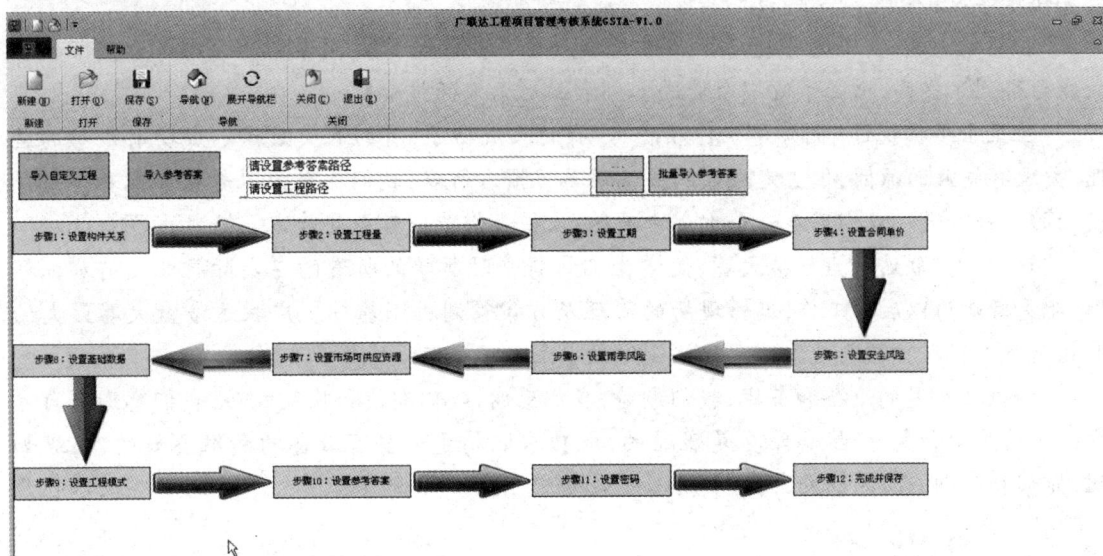

（2）功能介绍

按照提示步骤对应输入自定义工程项目的资料、市场信息等内容点击完成并保存工程，将自定义工程项目保存在指定位置，将该文件下发给学生，学生即可通过分析工具软件 GST 打开该工程项目进行操作。

具体操作方法请参见广联达工程项目管理考核系统 GSTA-1.0 用户操作手册。

4.2 PMST 师生感言

由中国建设教育协会主办，天津大学和广联达软件股份有限公司承办的首届"广联达杯"全国高校沙盘大赛总决赛于 2010 年 10 月 27 日至 29 日在天津大学隆重举行。此次大赛共有来自全国 15 个省市 32 所高校近 200 名选手参赛。大赛结束后，参赛院校师生纷纷畅谈感想。

4.2.1 教师感言

以下摘录部分院校教师对 PMST 课程教学及参加首届 PMST 大赛的体会：

"教学中最大的困难就是实践性教学，施工现场很远，对安全性要求高，带学生去很难，所以我们一直考虑在校内实验室怎样把实践性教学能够和理论结合起来，正好沙盘课程的开发，给我们教学带来了很大的帮助。从设计到实施到具体运作，沙盘课程基本包含在里边了，有其不同岗位角色划分，让同学们对实际工程管理有了更充分的了解。"

"在比赛过程中会有很多的难题，需要我们的队员们一起来发现问题，解决问题。我们是一个整体，是一个团队，只有大家分工协作，团结一心，才能顺利地完成沙盘的项目，才能达到团队的最佳效益。"

"在这一连串的学习过程中，深刻体验到工程项目管理沙盘作为一种团队合作学习方式，让学习方法更具新颖性，学习过程更具挑战性，学习内容更具趣味性，学习群体更具多样性，学习成果更具实用性。用学生的话来说：你讲给我听，我马上掌握！你让我快乐学习，我会自己去快乐学习！"

"短暂的大赛，留下的将是记忆里的永恒！通过学习与比赛，同学们独立思考和实际操作的能力得到了提高，增强了他们求职的本领和面对未来的信心！"

"亚里士多德说过'优秀是一种习惯'。有的人成功了，有的人失败了。成功有成功的道理，失败有失败的原因，但决定成败的关键还是习惯。所以，我们把全力以赴参加比赛当成是我们的一种习惯。我们不是一个十全十美的人，但我们是一直在朝着完美努力的。"

"这次的广联达沙盘模拟大赛，使学生们能将平时所学的所看的在实际就业之前加以利用，能更好地为以后的工作，工场现场的管理及方案策划打下基础。广联达沙盘大赛最大的亮点是对工程人员特别是还没真正就业的大学生管理意识的培养。"

"经过几个月的准备和奋战，我们期待，我们感谢，我们期待和收获成功，我们感谢来自方方面面的关心和支持，然而比赛是残酷的，成功永远属于那些有准备的和准备好的人，纵如此，能够和五湖四海的朋友，同行和前辈欢聚一堂，展示母校的风采，更觉不枉此一行，不枉此一搏。"

"我们教研室很多老师都在出力呢，大家都觉得这个很好玩。我们在选拔的时候每组都有几个平时专业成绩不好的学生，但是事先讲好规则就是共同进退，这些学生拼着一股不服输的劲儿，在初赛之前，没有场地，学生就到食堂、天台那些地方去讨论，每天自发熬到晚上十一二点，最后虽然有两支队伍没能比赛，但都跟我说专业方面的得到大幅度提升。学生不后悔！"

4.2.2　学生感言

以下摘录部分院校学生对 PMST 课程学习及参加首届 PMST 大赛的体会：

"比赛给了我们一个表现的平台，在这里没有失败者。我们每一名队员都是成功的，任何成绩已是过去。我们需要挑战未来，用一份刻苦，用一份勤奋，百炼成钢！"

"这次比赛是我人生旅途中的一小部分，但是却给我带来了无尽的快乐。在培训的一段日子里，团队成员的互助，团队成员的欢声笑语打破了参赛的沉闷，激发了学习兴趣，自己的知识也有了长足的进步。在这样一个面临无数竞争的社会里项目管理沙盘给我们带来了成功的筹码，让我们在今后的道路上走得更远。"

"五虎并进，技压群雄，沙盘大赛，谁与争锋。"

"很荣幸在大学生涯即将结束的时刻能够参加沙盘大赛。结果总是残酷，但过程却又是如此的感动。期间，我们各司其职，相互沟通，同心协力为能在大赛中取得好成绩而一起拼搏，奋斗，无论结局如何，我们将一直在路上，一直在努力！"

"大赛顺利的结束了，平静下紧张、兴奋的心情回头想想。我们收获了实践的经验，懂得了团队的重要性，理解了合作的必须性。在这个竞争激烈的社会中你必须去全力抓住属于你的机会。大浪淘沙，我相信我们的队员定能在今后的工作创造出属于自己的麦田。"

"I do believe 加油！已经在成功的路上，只要不放弃，坚持不懈！"

"感谢大赛组委会给予我们这次学习以及展示的机会，通过沙盘模拟让我们深刻体会到管理水平及管理技巧始终贯穿于项目过程中。因此，掌握工程项目管理知识并将其熟练应用到工作中去才能使该项目获得更大的利润空间，也能使该项目团队的整体素质得到更大程度上的提高。"

"全国选手，五湖四海，努力数日，来津竞技；携手竞技，放飞梦想。感谢全国高校工程项目管理沙盘模拟大赛这个平台，让我们相聚一堂，共同展示，一起进步。"

"做一名自由职业者，有可以让自己坚实地踏在这片土地上的一技之长，既然选择了工程这个行业，那就毅然地走下去，不断地学习实践，学习造价，学会造价，学通造价。"

"通过这次比赛也培养了一个人的领导决策能力与团队协作能力，使我们在以后的工作中能够更快、更好、更省的完成任务。最重要的是有了本次大赛的经验，我们面临就业时就多了一份主动权。再次感谢举办方与承办方，希望以后能够举办更多不同形式的活动，让大学生展现自己的活力，让未来因我们而动。"

"我的梦想是成为一名优秀的工程师，必须在实践中不断积累经验，总结过失，在错误中成长。建筑是个大投资额的行业，从事工程的必须要做到胆大、心细。在以后的工作中，我会从基层做起，一点一滴积累经验，巩固自己的知识体系，提升技能，为今后走向管理之路打好基础。"

"我希望成为一个出色的项目经理，希望在自己的努力下成为一个非常优秀的一级建造师，可以很好地控制一项工程项目的质量、进度、投资、安全等，能拿出最好的施工方案。这次沙盘大赛不仅给了我们一个很好的锻炼机会，也为我们在未来的工作中从事项目管理工作打下了很好的基础。"

"通过参加这次比赛，我们增加了一次宝贵的专业体验，让我们深深体会到了团队协作的重要性和项目建设的严谨性。对我们来说，这次参赛后，我们将对专业知识有更深的认识，对未来自己在此行业的发展也增加了信心。"

"'广联达杯'工程项目管理沙盘模拟大赛对我们来说，不仅是知识学习与应用的过程，更是一个磨砺心智与思维的舞台。相信，在追求卓越的路上，我们将走得更远、更远……"

"这次比赛使我们意识到：态度决定一切，只有有了良好的心态，才会有成功的机会。另外，此次大赛也让我们深刻体会到"纸上得来终觉浅，绝知此事要躬行"的道理。"

4.3 PMST课程总结报告撰写

课程总结报告主要是对个人沙盘课程学习的全面总结（属于个人综合总结），字数1500字以上，一般可按以下内容与格式来写。

（1）基本情况

总结的引言部分是对学习过程的概括介绍与说明，对课程学习的收获与成绩的总评价。这部分要求写得简明扼要，高度概括，突出要领。

（2）认识与收获

这部分内容是总结报告的核心部分，是对课程学习的认识与收获的具体阐述，可以分为若干个方面或层次来写。写认识与收获时,不仅要写出有什么样的认识与收获,还应具体地说明这些认识与收获是通过哪些具体的学习过程而获得的,做到观点与材料相统一,既有观点又有材料,观点统帅材料,材料说明观点。

(3)问题与不足

总结报告既要肯定成绩,又要对课程学习中存在的不足和今后应注意的问题实事求是地指出,以利于日后的学习与工作。这部分可多写,也可少写。

(4)展望

总结报告的结尾部分,要进一步肯定成绩,激励自己增强信心;与此同时,针对存在的问题提出改正办法。这部分可长可短,但注意不要画蛇添足。

本章小结

将本章作为 PMST 课程的结尾部分,主要明确了 PMST 课程教学考核要点及成绩评价办法,分享了首届沙盘大赛部分参赛师生对 PMST 课程的学习感言,对 PMST 课程的建设进行了初步探讨,对课程总结报告的撰写提出了明确的要求。

关键术语

考核与评价　课程建设　总结报告

习题

1.结合自己的学习经历,谈谈你对 PMST 课程学习的感想。

2.撰写 PMST 课程学习总结报。

成绩评定

PMST 课程总结

姓　　名：_____

学　　号：_____

专业班级：_____

系　　部：_____

指导教师：_____

完成时间：_____

项目团队展示（团队名称、LOGO、口号、角色分工；可附图片）

课　程　总　结

（可加页，不少于1500字）

《工程项目管理沙盘（PMST）实训》课程教学大纲
（适用于将 PMST 课程作为集中实训教学）

一、实训目的

工程项目管理沙盘实训课程通过直观的工程项目管理沙盘，是基于工程施工单位视角考虑工程施工项目从工程中标开始直至工程竣工结束的全过程管理。让学生围绕工程施工进度计划编制、业务操作、资源合理利用等核心问题开展实践活动，在活动中去体会施工企业经营运作的全过程，认识到市场资源的有限性及风险性，从而深刻理解工程项目管理思想，领悟科学的施工管理规律，提升现场管理能力。

该实训融角色扮演、案例分析和集中讨论于一体，最大的特点是创设体验式学习前景，寓教于乐——"玩游戏、学知识、练能力"，学生的学习过程接近施工企业现状，在短短几天的训练中，会遇到工程项目管理中经常出现的各种典型问题。团队成员要学会一起去寻找市场机会，分析规律，制订计划，实施全面管理。在对各种决策的成功和失败的体验过程中，学习工程项目管理知识，掌握工程项目管理技巧，提高工程项目管理素质，增强动手能力，强化团队合作意识，有利于学生就业竞争力的培养与提升。

该课程的主要目的：

①强化项目负责制的概念，培养团队精神以及灵活的过程管理实践，为今后的工程实践打下有利的基础。

②培养学生综合运用相关专业课程所学知识解决实际问题的能力。

③培养学生的竞争意识、诚信经营的职业道德及团队协作精神。

④通过实训，使学生熟悉建筑工程项目管理的全过程主要工作内容，培养"争创一流"的企业管理理念。

二、实训内容

PMST 课程，是模拟工程项目从工程中标开始，到工程竣工结束的整个工程项目管理过程，其间学生将考虑如何做工程计划、业务操作，如何整合利用资源等决策，并且伴随其中有计算机软件协助教师进行过程控制及结果分析。

该课程的主要内容有：

（1）施工组织方面

①依据施工项目工程量与市场条件，制订施工组织进度计划横道图。

②预测市场风险（筹资融资风险、气候条件风险、施工安全度风险等）。

（2）施工方案优选方面

①创设 2~3 个施工方案。

②以净利润最大为目标，综合权衡，优选最佳施工方案。

（3）生产管理方面

①根据施工项目工程量与市场条件及制订的施工方案，合理确定工、料、机的选配，注意机械设备的产能、施工现场水电量的需求及库房容量等的匹配。

②项目实施过程中如发生意外情况，应考虑采取紧急补救措施，使项目得以继续进行。

③按月结算，每月小结。

（4）财务管理方面

①制订筹资融资计划，正确评估项目施工期间的现金流量，力求创造高利润。

②预估长、短期资金需求，确定贷款方式，妥善控制成本。

③分析财务报表，掌握报表重点与数据含义。

④运用财务指标进行内部诊断，协助项目经理管理决策。

（5）团队协作与沟通方面

①学习如何在立场不同的各部门间沟通协调。

②培养不同部门人员的共同价值观与经营理念。

③建立以整体利益为导向的团队组织。

三、实训要求

该实习把参加训练的学生分成若干组，每组 5 人，每组各代表不同的一个虚拟建筑施工公司，在这个训练中，每个小组的成员将分别担任公司中的重要职位（项目经理、经营经理、采购经理、财务经理等），每组要亲自完成"工程 1——凯旋门工程"和"工程 2——世纪大桥工程"两个模拟项目的工程管理过程。

实训正式开始前，指导教师应向学生讲明如下几点：

①沙盘实训课程的目的意义。

②沙盘实训课程内容及时间安排。

③对学生的要求。

④有关考核与成绩评定的办法。

每一个阶段模拟训练结束之后，实训指导老师都要进行综述与分析，把学生从实际工作中的总结的一些经验方法、思维方式进行知识整理，并引导学生进入更高层面的思考。

四、实训时间安排

实训日程表

序号	时间	实训内容
1	第 1 天	沙盘课程导入，介绍沙盘课程背景、规则以及流程；学生进行团队组建；工程 1 执行过程前面部分操作演练，老师带领学生完成一个简单工程项目的第一个月沙盘操作
2	第 2 天	工程 1 后续实施过程全体验，学生自行完成工程 1 剩余工作

续表

序号	时间	实训内容
3	第3天	工程2 全程挑战(一)——赢在策划
4	第4天	工程2 全程挑战(二)——熟练执行
5	第5天	实训总结与评比

五、考核标准

实训结束后,为了考核学生对知识和技能的掌握情况,指导教师可根据实训表现、实训成果、实训总结等内容,从以下要点综合评定学生成绩:

①每组学生模拟训练的净利润情况,占50%。

②在模拟训练中所担任角色完成任务情况,占20%。

③组织纪律、工作态度、职业道德方面的表现,占10%。

④实训结束后学生的个人总结,占20%。

成绩采用两级计分制(合格、不合格)予以评定,记入学生成绩册。

《工程项目管理沙盘模拟实训》课程教学大纲

（适用于将 PMST 课程作为日常分散教学）

英文名称：Project management simulation training

学分：2　　学时：32 学时　　　考核方式：考查

先修课程：施工技术、施工组织、工程经济学、工程项目管理

适用专业：工程管理专业、工程造价专业

一、教学目的

本课程是工程管理专业、工程造价专业的一门专业课程。在本实训通过直观的工程项目管理沙盘，来模拟施工企业对具体工程项目从中标后直至竣工的全过程施工管理。让学生在分析市场、制订计划、组织生产、整合资源和财务结算等一系列活动中体会施工企业经营运作的全过程，掌握工程项目管理技巧，提高工程项目管理素质，增强动手能力，全面提升专业技能，强化团队合作意识，有利于学生就业竞争力的培养与提升。

二、教学重点

本课程的教学重点要求学生进行角色扮演，在指导教师的引导下，体验工程项目管理的各个环节，寓教于乐，侧重学生的体验过程。

三、教学难点

对项目策划成果及执行成果的分析与思考，综合运用项目管理理论指导实际工程项目管理，实现项目利润最大化。

四、教学内容

第一章　PMST 导航（2 学时）

1.1　PMST 基础知识

1.1.1　项目与项目管理

1.1.2　建设工程项目管理

1.1.3　工程项目进度计划

1.1.4　建设工程承包合同

1.1.5　线性盈亏平衡分析

1.1.6　赢得值原理

基本要求：了解与本课程有关的一些必备基础知识，为课程学习奠基。

1.2　PMST 课程介绍

1.2.1　课程渊源

1.2.2　课程定义

1.2.3　课程内容

1.2.4　课程特色

1.2.5　课程价值

基本要求:了解本课程的形成与发展,明确课程教学要求,对本课程的组成有一定的认识。

1.3　PMST 教具与规则

1.3.1　PMST 教具

1.3.2　PMST 操作规则

1.3.3　模拟市场的资源信息

沙盘操作规则,详细讲解沙盘操作表;

费用支出规则,比如风险事件支出、税金支出、现场管理费支付等;

市场信息,包括融资渠道、临时设施供应商、劳务班组供应商、原材料供应商、成品供应商、周转材料供应商、机械租赁供应商等。

基本要求:熟练掌握沙盘模拟设定的各种规则。

重点:熟练掌握模拟竞争的各种规则。

难点:深层次思考各规则中潜在的竞争因素。

第二章　PMST 体验(18 学时)

2.1　情景模拟(1.5 学时)

2.1.1　走进模拟情境

2.1.2　组建项目团队

各团队设计所模拟建筑施工企业的口号、目标和 LOGO 等,并记录在大白纸上;

各团队的口号、目标和 LOGO 等的展演。

基本要求:进一步熟悉沙盘操作盘面,并在充分沟通的基础上做好学生的分组、团队组建、角色的分配等工作。初步培养学生的团队意识,激发学习热情。

2.2　工程资料(0.5 学时)

基本要求:明确凯旋门工程的基本资料,理清各构件之间的相互联系。

2.3　起航体验(2 学时)

基本要求:在教师的带领下完成凯旋门工程前三周的基本操作,熟悉沙盘规则。

2.4　操作体验(1 学时)

基本要求:要求学生独立完成凯旋门工程第四周的基本操作,进一步熟悉沙盘规则。

2.5　结算体验(1 学时)

基本要求:在教师的带领下完成凯旋门工程月末结算,并填写相关表格,注意工程量统计规则的简单应用。

2.6　核算体验（2 学时）

基本要求：在教师的带领下完成凯旋门工程月末核算，对应于沙盘操作表的最后一步——期间封账/经营核算，并填写《现场材料耗料表》《成本统计表》《利润统计表》等表格。

2.7　远航试水（6 学时）

2.7.1　项目第 2 月操作

2.7.2　沙盘项目成本核算规则

2.7.3　项目第 3 月操作

基本要求：独立完成凯旋门工程第二、三月的操作，并进行月末结算与核算。在模拟实战的过程中，不断地反思和总结，针对存在的问题，思考改进对策。

2.8　策划体验（4 学时）

2.8.1　项目进度计划——横道图

2.8.2　项目进度计划——工程量完成计划

2.8.3　项目风险预防措施计划

2.8.4　资源计划

2.8.5　资金计划

基本要求：由教师指导学生进行凯旋门工程项目的策划，正确绘制进度计划横道图，并根据计划完成工、料、机等各项资源的需求量计划，以实现项目利润最大化。

重点：合理制订项目进度计划并匹配项目所需资源。

难点：快速制订最优的项目计划并合理匹配项目所需资源。

第三章　PMST 挑战（8 学时）

3.1　挑战任务（0.5 学时）

基本要求：明确世纪大桥工程的基本资料，理清各构件之间的相互联系。

3.2　运筹帷幄（3.5 学时）

3.2.1　工程项目 WBS 分解

3.2.2　项目进度计划——甘特图

3.2.3　项目进度计划——工程量完成计划

3.2.4　项目风险预防措施计划

3.2.5　资源计划

3.2.6　资金计划

3.2.7　成本—利润计划

基本要求：由学生独自进行世纪大桥工程项目的策划，正确绘制进度计划横道图，并根据计划完成工、料、机等各项资源的需求量计划，以实现项目利润最大化，进一步明确"合理决策"的重要性。

重点：合理制订项目进度计划并匹配项目所需资源。

难点：快速制订最优的项目计划并合理匹配项目所需资源。

3.3　决胜沙场（4 学时）

3.3.1　签订承包合同

3.3.2　项目第1月操作

3.3.3　项目第2月操作

3.3.4　项目第3月操作

3.3.5　项目第4月操作

3.3.6　战况揭晓

基本要求:由学生独自执行世纪大桥工程项目的操作,正确进行项目的计算与核算,进一步熟悉PMST课程分析工具的使用。

重点:遵循基本操作规则,"一步一动"地实施操作过程,进一步掌握项目月度报告及项目结算与核算的相关知识。

难点:项目月度报告及项目结算与核算的相关知识。

第四章　PMST总结(4学时)

4.1　PMST考核与评价(0.5学时)

4.1.1　课程教学考核与评价

4.1.2　沙盘大赛考核与评价

4.2　PMST师生感言(1学时)

4.2.1　教师感言

4.2.2　学生感言

4.3　PMST课程总结报告撰写(2学时)

4.4　PMST课程建设思考(0.5学时)

基本要求:指出课程考核评价标准,分享实践活动心得体会。帮助学生深入理解沙盘课程所包含的知识体系,进一步强化学生运用理论知识解决实际问题的能力。

编写课程总结报告,并能够正确认识自己在课程学习中的得失,对工程项目管理过程的总结与反思。

重点:编写课程总结报告,并能够正确认识自己在课程学习中的得失,对工程项目管理过程的总结与反思。

考核方式:期末要求各团队完成一个新的、难易程度适中的工程项目的实战演练,包括项目策划和项目执行两大内容。根据各团队的经营业绩,对团队成员进行评价。该项占课程评分的60%。

平时作业分为两部分:模拟演练评价——小组每个成员按角色记录操作步骤结果,及对遇到的问题所进行的思考;课程总结报告——主要总结沙盘模拟实训的感受和存在的问题。该项占课程评分的40%。

附录4 沙盘大赛试题选编

首届沙盘大赛试题

（供 PMST 课程教学考核参考）

1）工程概况

工程名称：天津港工程

工期要求：12 周（提前一周奖励 15 万，延迟一周罚款 25 万）

2）工程模型

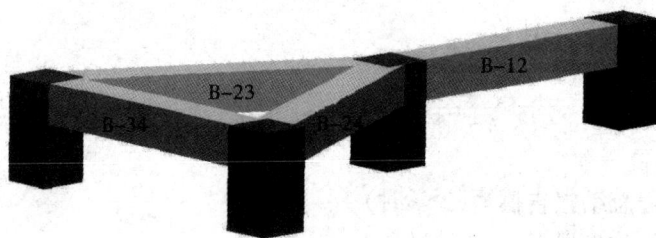

天津港

模型说明：每个构件包含 3 个工序，柱（钢筋绑扎—模板支设—混凝土浇筑）板（模板支设—钢筋绑扎—混凝土浇筑），两根柱子混凝土浇筑完后，其上方的板方可进行施工，混凝土浇筑完成后，模板周转材料方可拆除，模板班组施工不用考虑拆模及养护。

3）工程量表

描述此项目每个构件施工工序的工程量：

编号	构件名称	工序	单位	工程量
D-1	墩-1			
D-1-1		绑钢筋	t	10
D-1-2		支模板	m²	10
D-1-3		浇注混凝土	m³	10
D-2	墩-2			
D-2-1		绑钢筋	t	10
D-2-2		支模板	m²	5
D-2-3		浇注混凝土	m³	20
D-3	墩-3			
D-3-1		绑钢筋	t	5

续表

编号	构件名称	工序	单位	工程量
D-3-2		支模板	m²	5
D-3-3		浇注混凝土	m³	10
D-4	墩-4			
D-4-1		绑钢筋	t	5
D-4-2		支模板	m²	5
D-4-3		浇注混凝土	m³	10
B-12	板-12			
B-12-1		支模板	m²	5
B-12-2		绑钢筋	t	10
B-12-3		浇注混凝土	m³	20
B-23	板-23			
B-23-1		支模板	m²	5
B-23-2		绑钢筋	t	5
B-23-3		浇注混凝土	m³	10
B-34	板-34			
B-34-1		支模板	m²	10
B-34-2		绑钢筋	t	10
B-34-3		浇注混凝土	m³	10
B-42	板-41			
B-42-1		支模板	m²	5
B-42-2		绑钢筋	t	5
B-42-3		浇注混凝土	m³	10

4）合同预算

合同预算是建设单位和施工单位签署的合同文件的组成部分,也就是双方达成协议的投标报价,是双方支付工程款的依据。

工序	报量单价	总工程量	报量价格/万元
绑钢筋	4	60	240
支模板	3	50	150
浇注混凝土	3	100	300
合计			690

每月统计完成工程量原则:项目工序工程量100%完成,方可纳入"完成工程量"统计。

5）施工安全危险系数分析

编号	构件/工序名称	危险系数	安全措施投入（万元）
D-X	桥墩		
D-X-1	绑钢筋	1	1
D-X-2	支模板	2	2
D-X-3	浇注混凝土	3	3
B-X	桥板		
B-X-1	支模板	3	3
B-X-2	绑钢筋	4	4
B-X-3	浇注混凝土	5	5
说明：只要安全措施累计投入费用可以预防相应危险系数的施工工序，即可避免发生意外事件。			

6）天气分析

通过可靠气象部门预测,施工工期内降水分布及降水等级图如下：

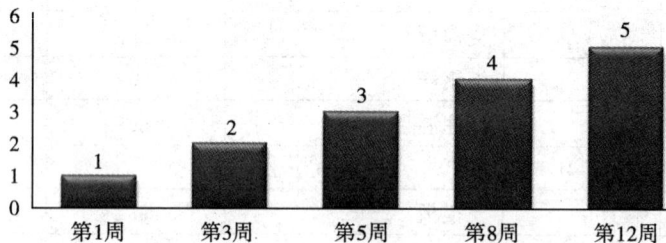

7）市场资源分析

材料市场价格涨幅预测：通过可靠部门预测，材料市场价格除商品混凝土价格调整为 1.4 万元/m³、钢筋成品 1.4 万元/t 之外其他均依据原市场分析无涨幅，成品采购按照 5 的倍数进行采购。

劳务班组市场可供应数量分析：

劳务班组工种	可供应数量
钢筋劳务班组	5
模板劳务班组	5
混凝土劳务班组	5
说明：每支劳务队在施工过程中如果出场，将不再进场，但是在市场可供应数量足够的情况下，可以选择其他劳务班组进场。	

2011 年沙盘大赛试题

1）工程概况

工程名称：长安剧院工程

工期要求：16 周（提前一周奖励 15 万，延迟一周罚款 25 万）

2）施工图纸

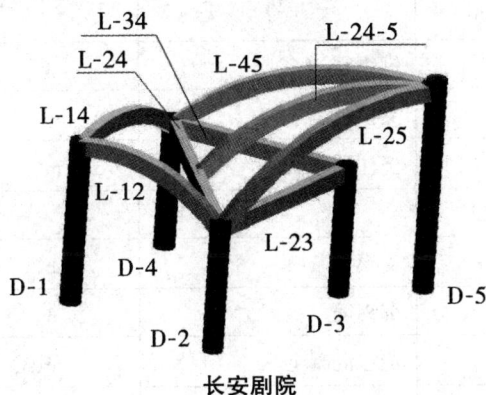

长安剧院

图纸说明：每个构件包含 3 个工序，柱（钢筋绑扎—模板支设—混凝土浇筑）梁（模板支设—钢筋绑扎—混凝土浇筑），两根柱子混凝土浇筑完后，其上方的梁方可进行施工，L-24-5 必须在 L24 及 D-5 施工完后方可进行施工，混凝土浇筑完成后，模板周转材料方可拆除，模板班组施工不用考虑拆模及养护。

3）工程量表

描述此项目每个构件施工工序的工程量：

编号	构件名称	工序	单位	工程量
D-1	墩-1			
D-1-1		绑钢筋	t	5
D-1-2		支模板	m^2	5
D-1-3		浇注混凝土	m^3	10
D-2	墩-2			
D-2-1		绑钢筋	t	5
D-2-2		支模板	m^2	5
D-2-3		浇注混凝土	m^3	10
D-3	墩-3			
D-3-1		绑钢筋	t	10
D-3-2		支模板	m^2	5
D-3-3		浇注混凝土	m^3	10

续表

编号	构件名称	工序	单位	工程量
D-4	墩-4			
D-4-1		绑钢筋	t	5
D-4-2		支模板	m²	5
D-4-3		浇注混凝土	m³	10
D-5	墩-5			
D-5-1		绑钢筋	t	5
D-5-2		支模板	m²	10
D-5-3		浇注混凝土	m³	10
L-12	梁-12			
L-12-1		支模板	m²	5
L-12-2		绑钢筋	t	5
L-12-3		浇注混凝土	m³	10
L-14	梁-14			
L-14-1		支模板	m²	5
L-14-2		绑钢筋	t	5
L-14-3		浇注混凝土	m³	10
L-23	梁-23			
L-23-1		支模板	m²	10
L-23-2		绑钢筋	t	10
L-23-3		浇注混凝土	m³	10
L-24	梁-24			
L-24-1		支模板	m²	5
L-24-2		绑钢筋	t	10
L-24-3		浇注混凝土	m³	10
L-25	梁-25			
L-25-1		支模板	m²	10
L-25-2		绑钢筋	t	5
L-25-3		浇注混凝土	m³	10
L-34	梁-34			
L-34-1		支模板	m²	5
L-34-2		绑钢筋	t	10

编号	构件名称	工序	单位	工程量
L-34-3		浇注混凝土	m³	10
L-45	梁-45			
L-45-1		支模板	m²	10
L-45-2		绑钢筋	t	· 5
L-45-3		浇注混凝土	m³	10
L-24-5	梁-24-5			
L-24-5-1		支模板	m²	5
L-24-5-2		绑钢筋	t	5
L-24-5-3		浇注混凝土	m³	10

4）合同预算

合同预算是建设单位和施工单位签署的合同文件的组成部分，也就是双方达成协议的投标报价，是双方支付工程款的依据。

工序	报量单价	总工程量	报量价格（万元）
绑钢筋	3	85	255
支模板	3	85	255
浇注混凝土	3	130	390
合计			900

每月统计完成工程量原则：项目工序工程量100%完成，方可纳入"完成工程量"统计。

5）施工安全危险系数分析

编号	构件/工序名称	危险系数	安全措施投入（万元）
D-X	墩		
D-X-1	绑钢筋	1	1
D-X-2	支模板	2	2
D-X-3	浇注混凝土	3	3
L-X	梁		
L-X-1	支模板	3	3
L-X-2	绑钢筋	4	4
L-X-3	浇注混凝土	5	5
说明：只要安全措施累计投入费用可以预防相应危险系数的施工工序，即可避免发生意外事件，执行环节不排除有变更发生。			

6）天气分析

通过气象部门预测,施工工期内预估降水分布及降水等级图如下:

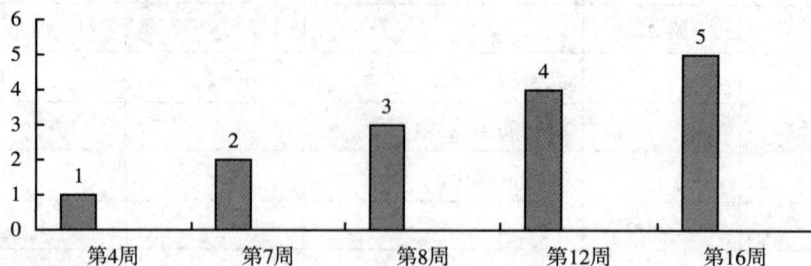

7）市场资源分析

材料市场价格:商品混凝土价格为 1.4 万元/m³、钢筋成品 1.4 万元/t,成品采购按照 5 的倍数进行采购。

劳务班组市场可供应数量分析:

劳务班组工种	可供应数量
钢筋劳务班组	5
模板劳务班组	5
混凝土劳务班组	5
说明:每支劳务队在施工过程中如果出场,将不再进场,但是在市场可供应数量足够的情况下,可以选择其他劳务班组进场。	

钢筋加工机械进出场费各 2 万元不变,租赁费由原来的 1 万元/周,调整为 2 万元/周;

混凝土加工机械进出场费调整为各 5 万元,租赁费不变 1 万元/周;

变更事件会在执行环节某一时刻发布。

工程变更说明

变更方式	通知变更时间点	变更事件
组合	第一个月甲方报量时通知	安全投入从第二月起调整为梁的模板安装累计达到 4 万元、梁的钢筋绑扎达到 5 万元、梁的混凝土浇筑时累计达到 6 万元; 雨季投入从第二月起调整为第 8 周累计达到 5 万元、第十二周累计达到 6 万元,后期不作要求; 从第二月起,劳务班组欠付利率由原来的 15% 调整为 25%,周转材料欠付由原来的 10% 调整为 30%。
说明:收到变更通知后,避免喧哗,注意数据的保密性。		

附录 5　广联达工程项目管理分析工具软件(GST-V3.0)操作手册

一、广联达工程项目管理分析工具软件 GST-V3.0 目的

广联达工程项目管理分析工具软件 GST-V3.0 使得在施工项目管理沙盘模拟课程授课过程中,能够更快更准确地深层次挖掘分析各个小组的经营数据,并且以图文并茂的方式展现出来,从而使得教师在点评中从定性分析提升到了定量分析。工程项目管理分析工具软件 GST-V3.0 新增了查看工程资料、编制施工进度计划、数据提交等功能,优化了项目状态中的数据判断、小组得分等内容,实现了全软件判断、自动评价,更加直观的看到各小组的综合成绩及小组内部各成员的绩效,便于及时做出各小组的各项数据对比。

二、软件的运行环境

软件的运行速度会因为您的计算机系统配置的不同而略有不同。下面是软件对于计算机系统配置的基本需求:

Inter Pentium 4 2.0G 处理器或更高

Windows XP、Windows Vista、Windows 7

1GB RAM(推荐使用 2GB)

独立显卡(推荐大于 512MB 显存)

不低于 10GB 可用硬盘空间

CD-ROM 驱动器

三、软件安装

操作步骤:

第一步:将光盘放入光驱,此时光驱将会自动运行,稍后将会弹出如下界面。

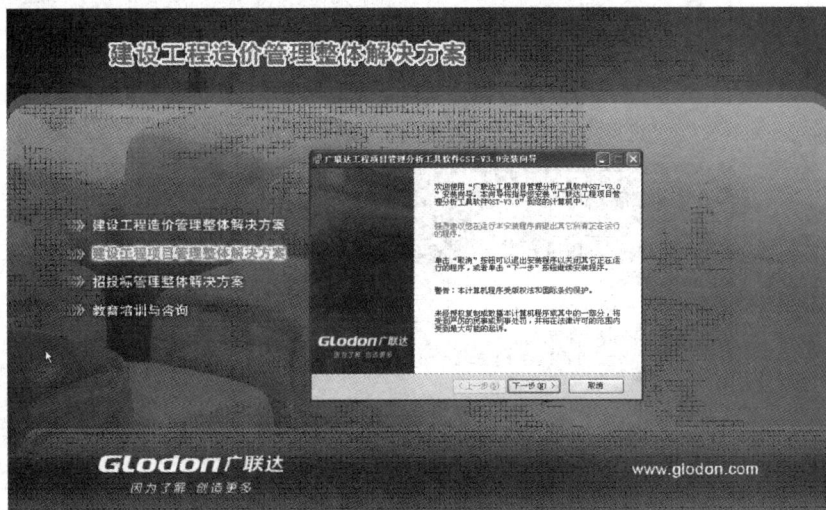

第二步：单击"下一步"按钮，进入"许可协议"页面，您必须同意协议才能继续安装，强烈建议您在安装之前关闭所有其他运行的程序。

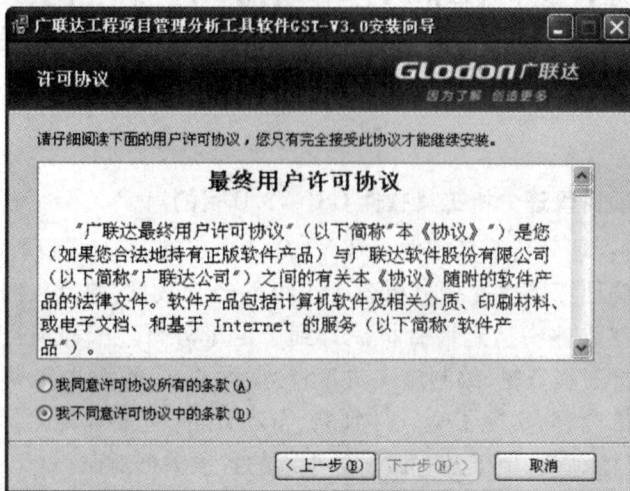

第三步：认真阅读《最终用户许可协议》后，选择"我同意许可协议所有的条款"，单击"下一步"按钮，进入"著作权声明"页面。

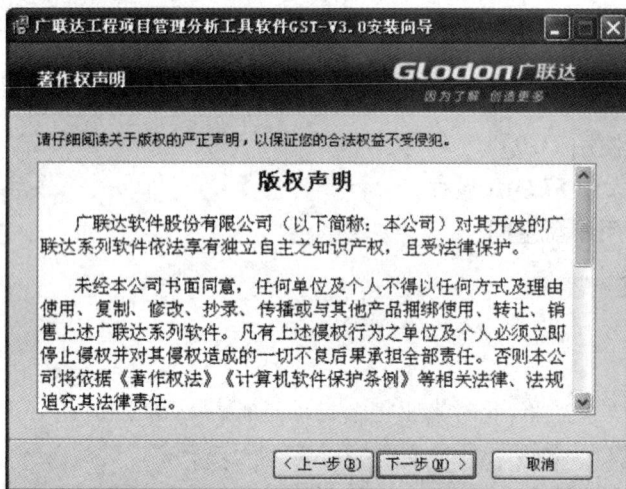

第四步：认真阅读《广联达软件股份有限公司严正声明》后，单击"下一步"按钮，进入"安装选项"页面。

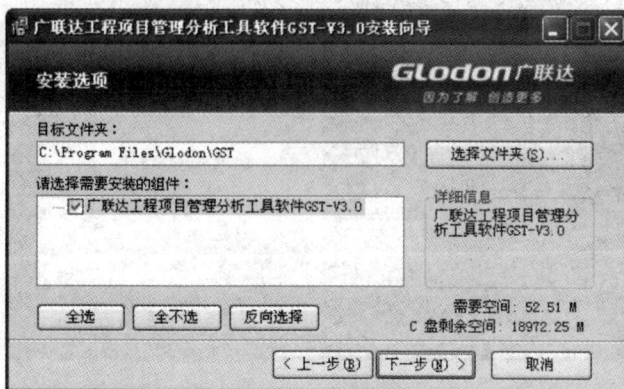

安装程序默认的安装路径为"C:\Grandsoft\",您可以通过"选择文件夹…"按钮来修改默认的安装路径。

第五步:点击"完成"按钮即可完成安装。

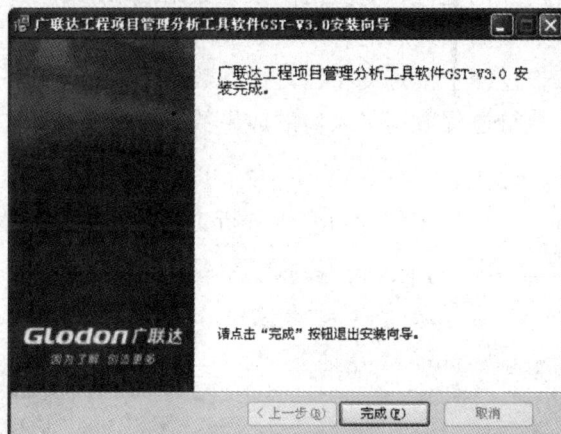

四、软件的卸载

方法一操作步骤:

第一步:在 Windows 的"控制面板"中找到"添加或删除程序"。

第二步:在"当前安装的程序"中选择"广联达工程项目管理沙盘 V3.0",点击"更改/删除"按钮,将弹出下图所示的窗口;或单击"开始/所有程序/广联工程项目管理沙盘 V3.0/卸载广联达工程项目管理 GST"。

第三步:在需要卸载的组件前打勾,单击"下一步"按钮,即可将所选组件卸载。

方法二操作步骤:

单击计算机左下角"开始"→"程序"→"广联达工程项目管理沙盘 V3.0"→"广联达工程项目管理 GST",然后弹出组件卸载向导界面勾选卸载组件后一直"下一步"直至卸载完成。

五、主界面介绍

1)界面

2)功能介绍

本分析工具含有以下两条主线4类选项:项目的策划及分析,项目的执行及分析。

项目策划:按岗位部门分别进行各职责范围策划数据的录入;

策划分析:各部门策划数据录入后的各项策划成果数据分析;

项目执行:在实际操作过程中按月度将当月操作数据录入;

执行分析:实际操作执行过程数据录入后的成果数据分析。

3)操作方法

从"开始—所有程序—广联达工程项目管理分析工具软件 GST-V3.0"打开软件程序。

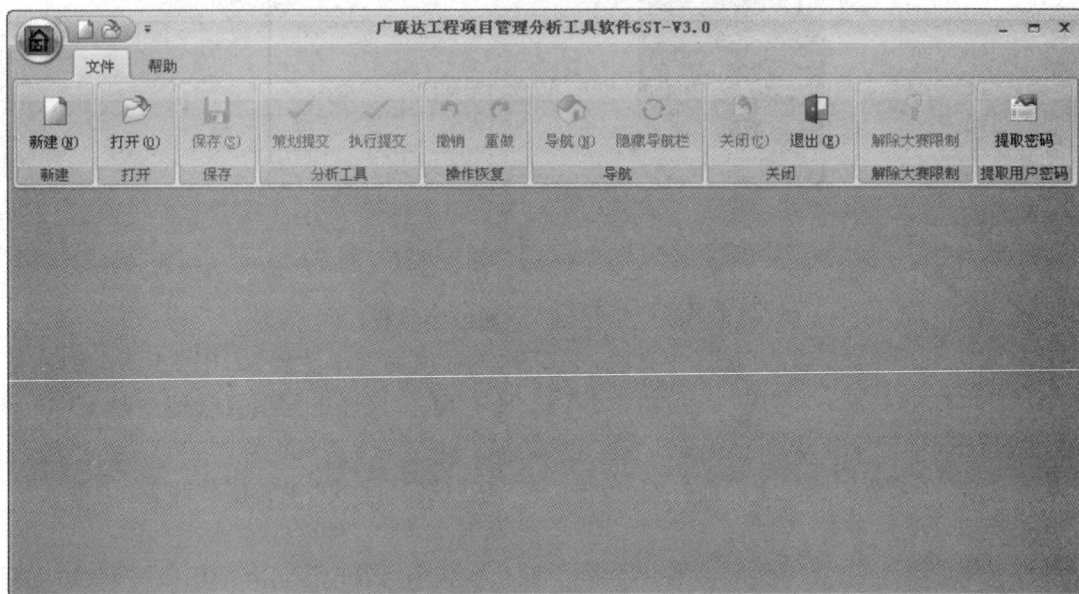

点击"新建"按钮,弹出工程案例项目列表框,会有对应的练习项目和大赛项目。

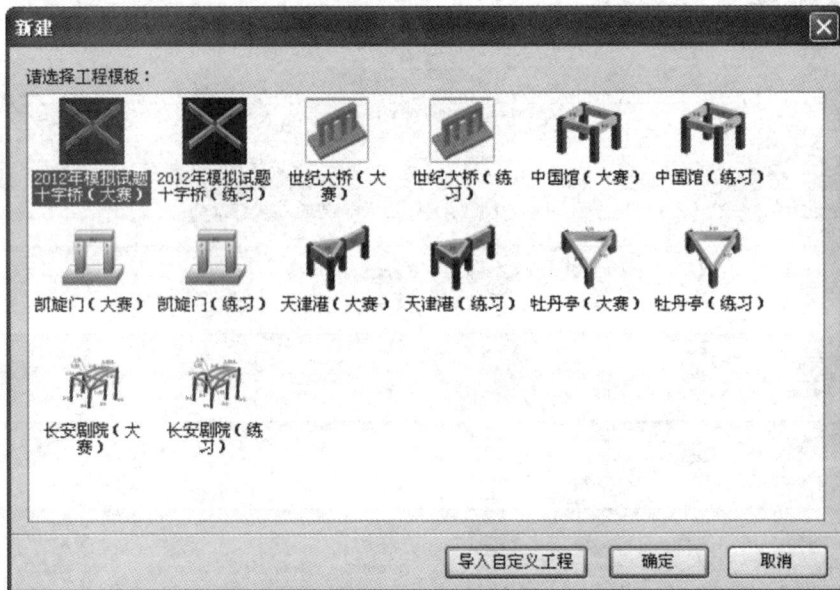

打开文件:鼠标选中工程案例项目,然后单击"确定",对应用户身份,学生身份第一次登录,需要注册用户名及密码,下次登录时必须用之间注册过的用户名和密码方能打开进入软件。

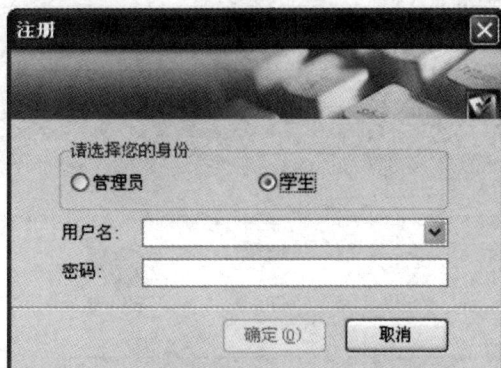

学生登录:学生登录时输入一个只有本人知道的账号和密码,该账号和密码将成为学生打开对应的保存文件的账号和密码,该密码如果遗忘,可以单击提取密码按钮,在地址栏中找到学生的文件后输入对应工程项目的管理员密码获取到。

管理员登录:管理员账号和密码是通过广联工程项目管理考核系统 GSTA-V1.0 进行自定义工程项目时创建的,该账号和密码是以管理员身份登录到对应的工程项目的唯一识别码,在设置时请务必牢记。

软件操作:将鼠标放置图标上,单击鼠标直接进入该选项内的相应分项功能模块进行操作;单击界面上方的导航图标可以返回到主界面,进行其他模块的操作。也可以通过单击展开导航栏打开左侧的模块列表,在模块列表中直接单击想要进入的模块。

练习模式:在练习模式下学生可以操作策划阶段和执行阶段数据,可以查看到策划分析和执行分析的所有数据和判断结果。

大赛模式:在大赛模式下学生只能进行策划阶段和执行阶段数据的操作,策划分析和执行分析的所有数据和判断结果均不可查看。

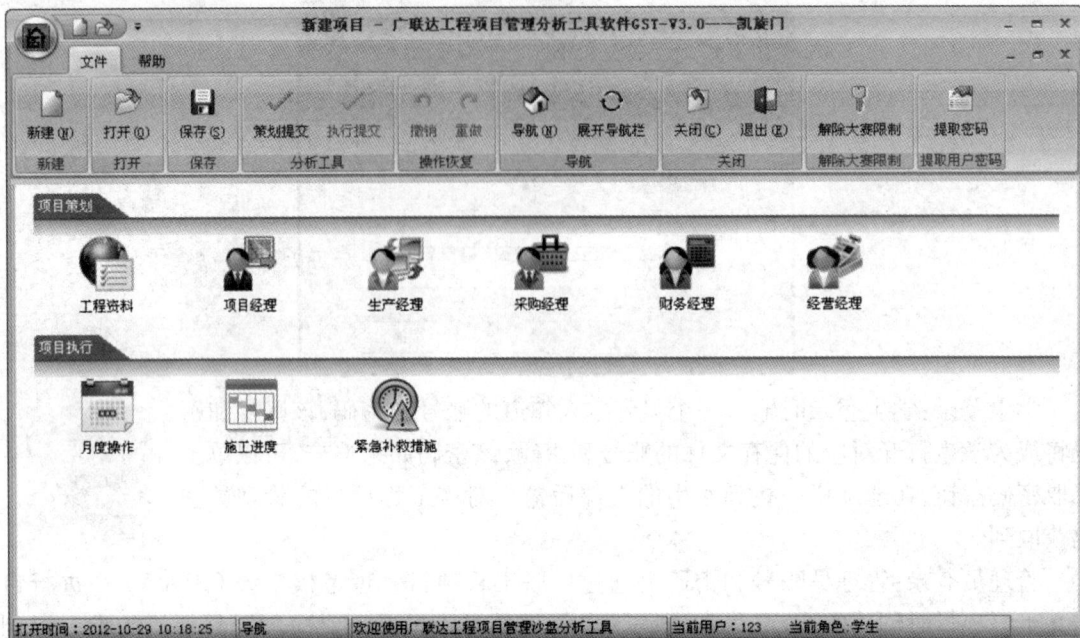

数据提交:在大赛模式下需要单击策划提交后才能进行执行阶段的操作,在进行月度操作时需要单击本月完成才能进行下月的操作。需要注意单击策划提交/执行提交后,与之对应的策划/执行部分的相关数据均不可再进行编辑和修改,在单击提交时应确认数据已全部录入完毕。执行阶段数据提交后则表示所有操作结束,数据已全部录入完毕。

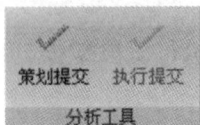 

大赛限制:在运行大赛模式的工程项目文件后,将会触发大赛限制。此时大赛模式的文件不可再次新建(打开空的工程模版),考核系统 GSTA 的自定义工程功能被锁定。如果比赛或考试结束,可以通过点击解除大赛限制解锁,输入对应的工程项目密码进行解锁即可。

六、功能模块介绍

1)项目策划

(1)界面

(2)功能介绍

按岗位分别将职责范围内的策划数据进行数据录入,各部门只在各表格空白处录入基本数据,软件会自动统计计划各类分析结果,过程中各部门可来回调整策划基础数据直至达到最佳的策划成果,作为项目执行过程的操作指导。

(3)操作方法

第一步:打开"工程资料",进入工程资料模块可以查看到工程项目的《施工图纸》《工期要求》《工程量算》《合同预算》《安全系统分析》《天气分析》《市场资源分析》和模拟市场的资源信息等内容。

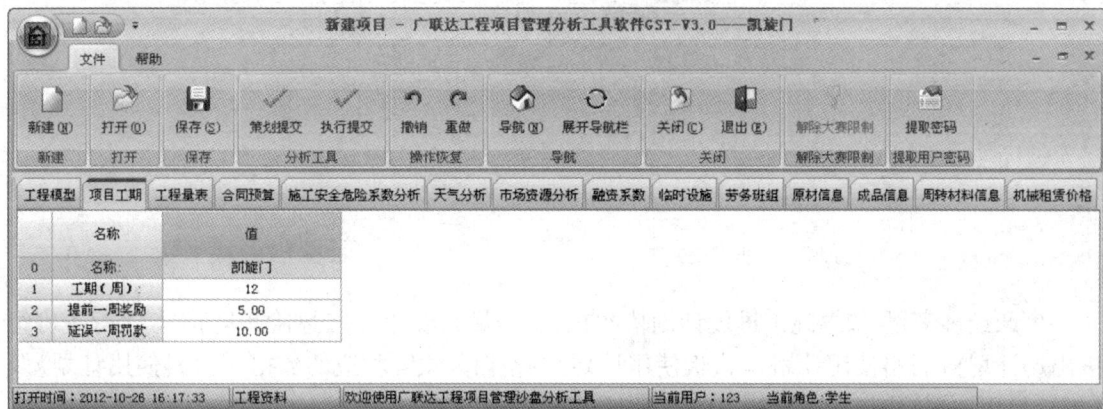

点击 工程资料 ……

依次打开策划环节各岗位模块。

项目经理策划:编制施工进度计划、将团队项目的项目名称、项目口号、项目成员、院校名称、指导老师等信息在空白处填写。

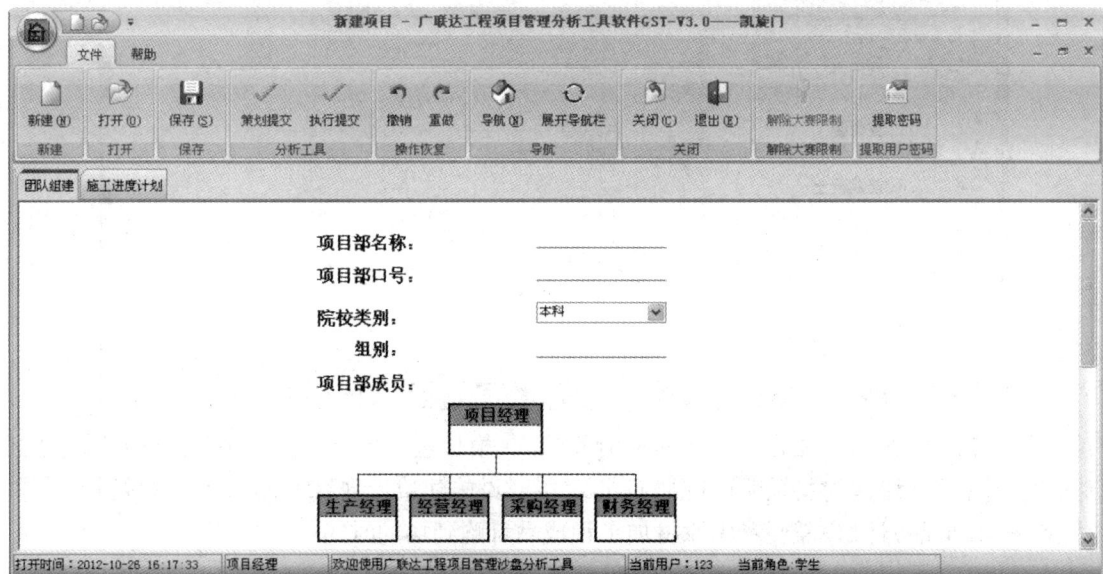

广联达工程项目管理分析工具软件GST-V3.0——凯旋门

文件　帮助

新建(N)　打开(O)　保存(S)　策划提交　执行提交　撤销　重做　导航(M)　展开导航栏　关闭(I)　退出(E)　解除大赛限制　提取密码

新建　打开　保存　分析工具　操作恢复　导航　关闭　解除大赛限制　提取用户密码

团队组建　施工进度计划

延长工期　恢复默认工期　上移　下移

	项目名称	单位	工程量	班组产能	周工程量												
					第1周	第2周	第3周	第4周	第5周	第6周	第7周	第8周	第9周	第10周	第11周	第12周
1	临设建造				■											
2	钢筋加工/成品订	t				■										
3	JC-1-1		5	5			5									
4	JC-1-2	m2	5	5				5								
5	JC-1-3	m3	10	10					10							
6	D-1-1	t	5	5												
7	D-1-2	m2	5	5												
8	D-1-3	m3	10	10												
9	D-2-1	t	5	5												
10	D-2-2	m2	5	5												
11	D-2-3	m3	10	10												
12	B-12-1	m2	5	5												
13	B-12-2	t	5	5												
14	B-12-3	m3	10	10												

生产经理策划：依据施工进度计划依次在《工程量完成计划》《风险预防措施》《劳务班组进出场计划》《材料使用计划》《模板使用计划》的空白处填写相应的数据，《材料使用计划》及《模板使用计划》均指在当周材料的实际正在使用数量。

新建项目 - 广联达工程项目管理分析工具软件GST-V3.0——凯旋门

文件　帮助

新建(N)　打开(O)　保存(S)　策划提交　撤销　解除大赛限制　提取密码

新建　打开　保存　执行提交　重做　解除大赛限制　提取用户密码

分析工具　操作恢复　导航　关闭

工程量完成计划　风险预防措施　劳务班组进出场计划　材料使用计划　模板使用计划

	工序	工程状态	第1月	第2月	第3月
1	绑钢筋	完成			
2		在施			
3	支模板	完成			
4		在施			
5	浇筑混凝土	完成			
6		在施			

打开时间：2012-10-26 16:17:33　生产经理　欢迎使用广联达工程项目管理沙盘分析工具　当前用户

采购经理策划：在表格白色区域对应时间输入《模板进出场计划》《机械进出场计划》《材料采购（原材）计划》《材料采购（成品）计划》《临时设施建造计划》《材料采购（原材）计划》和《材料采购（成品）计划》需要考虑原材加工和成品订购到场的时间。

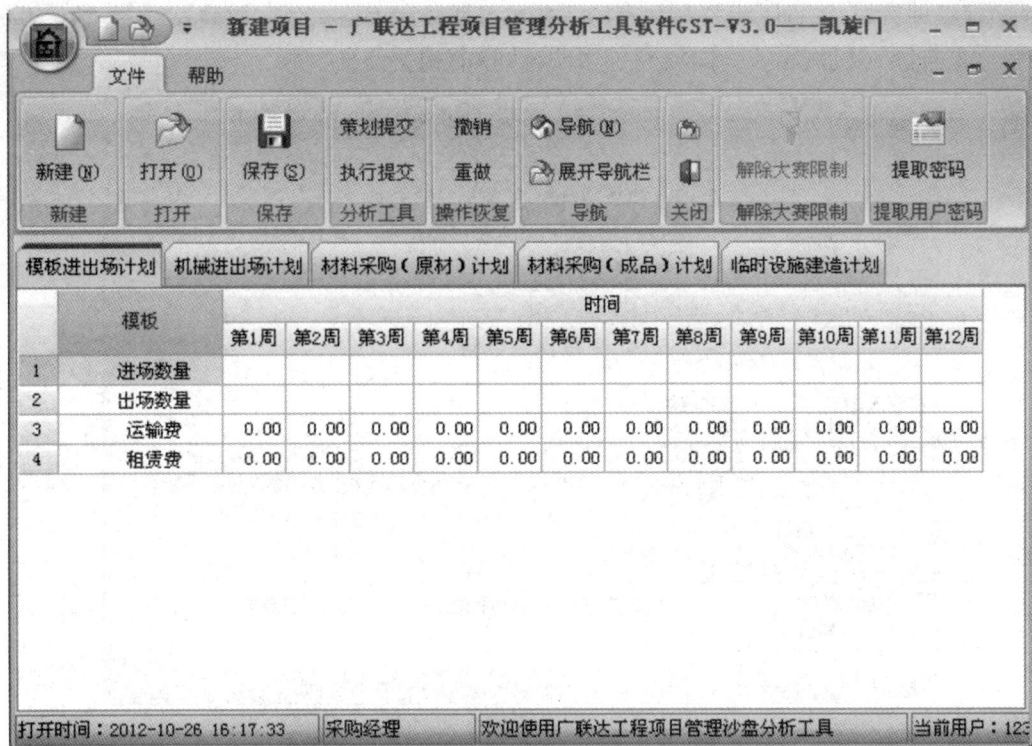

　　财务经理策划：在表格白色区域对应时间输入该工程项目的《收入计划》《欠付计划》《融资计划》《其他支出》。

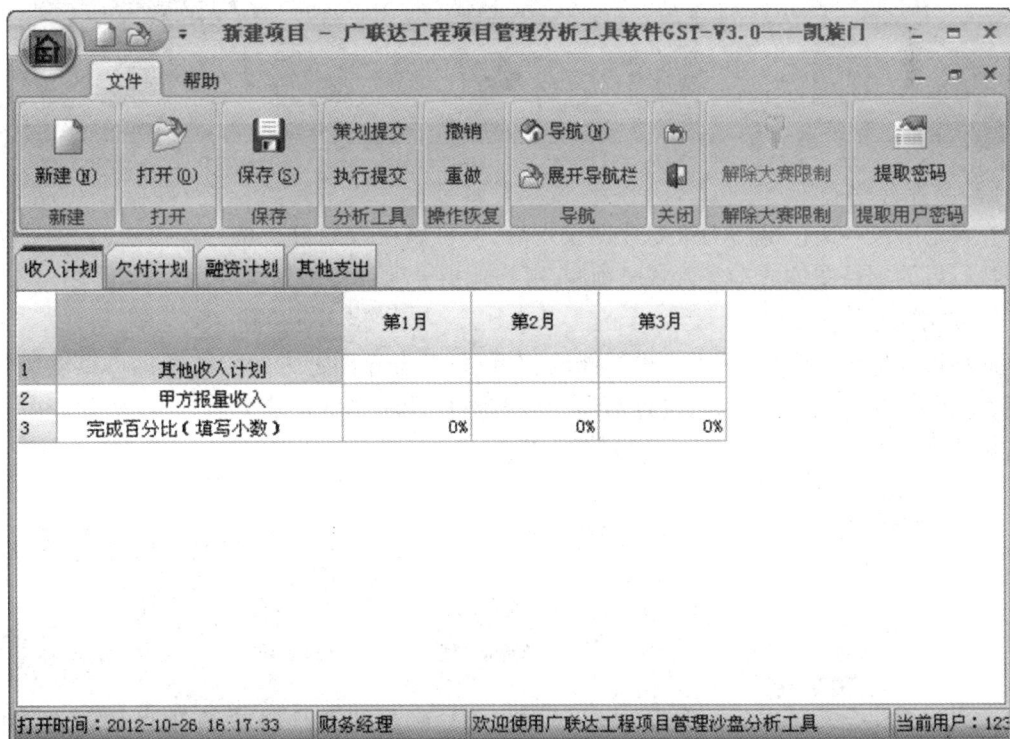

经营经理策划：依据工程资料和市场信息在下划线和表格白色区域输入《工程承包合同》《劳务分包合同》《机械租赁合同》《材料采购合同》的相关信息。

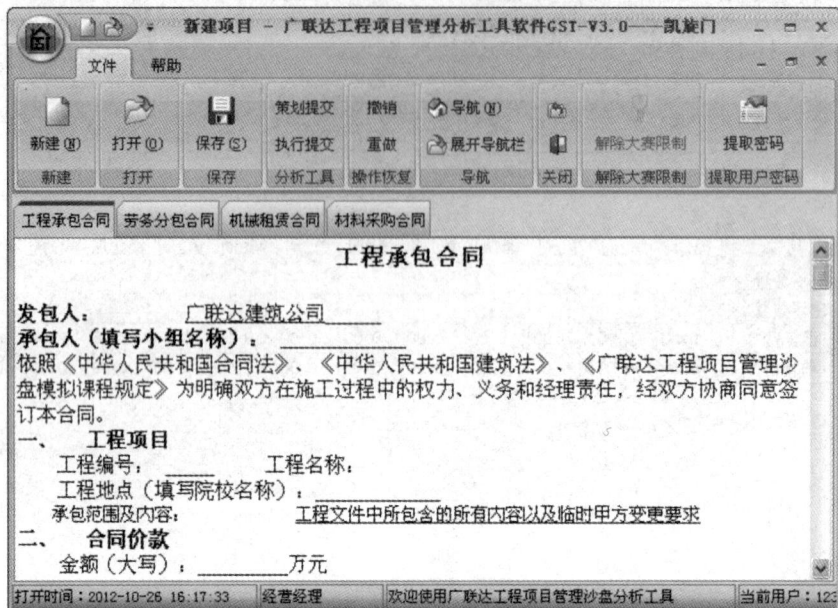

2）策划分析

（1）界面

（2）功能介绍

在策划阶段各岗位部门的策划数据录入后，便可以在策划分析各分类模块，看到项目按策划执行后的项目整体成本经营状况预测，更好地指导项目按策划执行。

（3）操作方法

此项模块均为查询模块，无法进行修改和填写，点击界面上方的导航图标可以返回到主界面，查看不同模块。也可以通过点击展开导航栏打开左侧的模块列表，在模块列表中直接点击想要进入的模块。

图表均为综合性数据分析图表，为使策划成果达到最佳满意效果，在项目策划选项里按岗位来回调整基础数据，系统会自动统计计算，以联动的形式直接在策划分析处反映成果。

策划成果:该模块包括《现金流量分析图》《现场资源曲线图》和《成本控制基线图》3 个图表,以图形直观的展现工程项目每月的现金流分析、劳务班组使用情况以及成本分析。

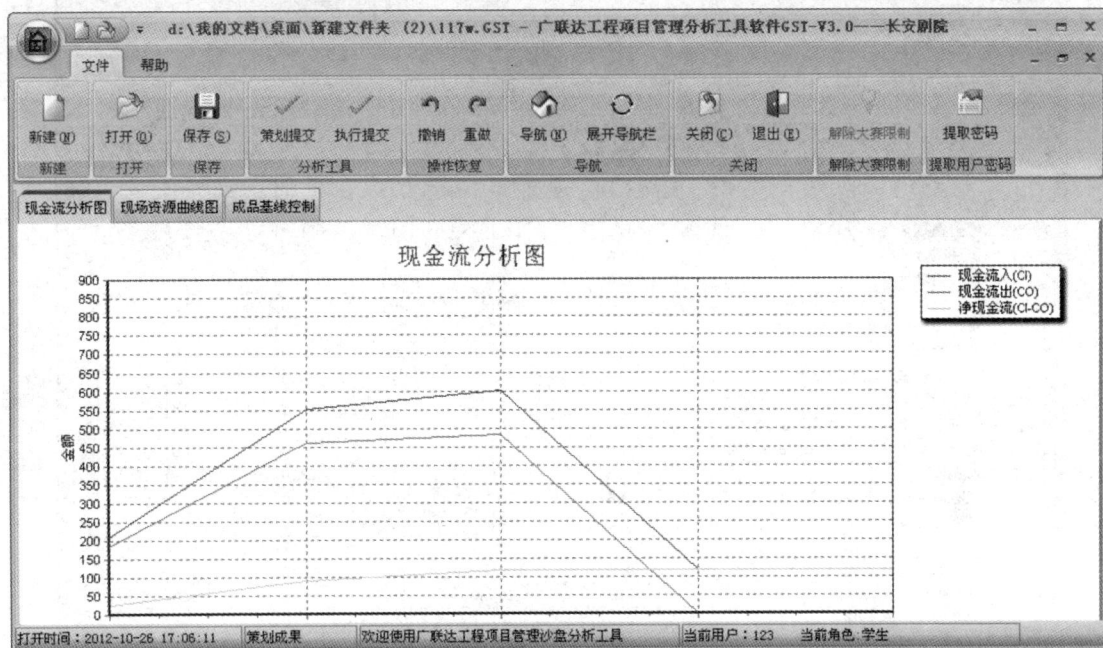

项目状态:该模块包括《资源状态分析》《资金状态分析》《施工状态判断》《施工资源状态判断》4 个部分的共 20 项分析和判断内容,涵盖全部的可行性和正确性检验。

现金流计划:自动核算按拟订方案实施每月的现金流入、流出和净现金流量。

现金流计划表

		第1月	第2月	第3月	第4月	合计
1	一、报量前现金流入(CI)	120	146	131	117	
2	1.1 上月现金结转	0	26	91	117	
3	1.2 公司借款	120	0	0	0	120
4	1.3 银行贷款	0	120	40	0	160
5	二、报量前现金流出(CO)	117	140	125	0	
6	2.1 临设建造	10	0	0	0	10
7	2.2 劳务班组进、出场运输费	14	14	24	0	52
8	2.3 周转材料（模板）进、出场运输费	4	4	8	0	16
9	2.4 机械进、出场运输费和保证金	9	0	9	0	18
10	2.5 原材料（钢筋、水泥、砂石）采购	20	20	20	0	60
11	2.6 风险投入	4	4	1	0	9
12	2.7 预定成品钢筋或成品混凝土	56	98	63	0	217
13	2.8 支出待工费	0	0	0	0	0
14	三、月末报量前现金结余（一-二）	3	6	6	117	
15	四、报量后现金流入(CI)	90	405	470	0	
16	4.1 甲方报量	90	405	405	0	900
17	4.2 资产变卖、其它收入	0	0	65	0	65
18	五、月中现金结余（三+四）	93	411	476	117	1097
19	六、报量后现金流出(CO)	67	320	359	0	746
20	6.1 税金支出	3	6	6	0	15
21	6.2 劳务结算支付	30	126	135	0	291
22	6.3 周转（模板租赁费）结算支付	6	26	18	0	50
23	6.4 机械结算支付（租赁费）	10	12	8	0	30

打开时间：2012-10-26 17:15:32　现金流计划　欢迎使用广联达工程项目管理沙盘分析工具　当前用户：123

成本控制基线图：三条线分别为收入、目标成本、策划成本，通过合理的策划和良好的控制最终使得策划值在目标成本线下方。

项目策划成本基线表

	成本科目	第1月 目标成本	第1月 计划成本	第2月 目标成本	第2月 计划成本	第3月 目标成本	第3月 计划成本	第4月 目标成本	第4月 计划成本	目标成本合计	计划成本合计
1	一、分部分项信息	70.00	91.00	308.00	268.00	343.00	335.00	0.00	0.00	721	694
2	材料	24.00	28.00	102.00	103.00	132.00	156.00	0.00	0.00	258	287
3	人工	36.00	44.00	162.00	149.00	162.00	160.00	0.00	0.00	360	353
4	机械使用费	4.00	7.00	17.00	4.00	22.00	7.00	0.00	0.00	43	18
5	现场管理费	6.00	12.00	27.00	12.00	27.00	12.00	0.00	0.00	60	36
6	设备安装费	0.00	0.00	0.00	0.00	0.00	0.00	0.00	0.00	0	0
7	二、措施项目清单	15.20	33.00	68.40	64.50	68.40	51.50	0.00	0.00	152	149
8	模板租赁费	7.10	10.00	31.95	30.00	31.95	26.00	0.00	0.00	71	66
9	临设费	1.60	1.00	7.20	4.50	7.20	4.50	0.00	0.00	16	10
10	大型机械费	5.30	12.00	23.85	8.00	23.85	10.00	0.00	0.00	53	30
11	雨季、安全施工措施费	1.20	4.00	5.40	4.00	5.40	1.00	0.00	0.00	12	9
12	贷款利息	0.00	6.00	0.00	18.00	0.00	10.00	0.00	0.00	0	34
13	三、其他项目	0.00	0.00	0.00	0.00	0.00	0.00	0.00	0.00	0	0
14	四、规费	0.00	0.00	0.00	0.00	0.00	0.00	0.00	0.00	0	0
15	五、税金	2.70	3.00	12.15	6.00	12.15	6.00	0.00	0.00	27	15
16	六、合计（一+二+三+四+五）	87.90	127.00	388.55	338.50	423.55	392.50	0.00	0.00	900	858

打开时间：2012-10-26 17:15:32　成本基线　欢迎使用广联达工程项目管理沙盘分析工具　当前用户：123　当前角色：学生

策划得分:策划方案完成后,可以通过策划得分查看策划成绩,策划得分扣分规则见分析软件评分规则说明部分。

	评分项目	总分	扣分	得分
1	进度计划得分	2000	0	2000
2	工程量是否全部完成	300	0	300
3	竣工后现场是否有剩余资源	200	0	200
4	消耗材料是否满足项目要求	400	0	400
5	周转材料是否满足项目要求	400	0	400
6	劳务资源是否满足项目要求	200	0	200
7	可用资源是否符合项目限制	200	0	200
8	机械设备是否满足项目要求	400	0	400
9	临时设施是否满足项目要求	300	0	300
10	完成工程量填写是否正确	300	0	300
11	在施工程量填写是否正确	200	0	200
12	措施项目是否满足项目要求	200	100	100
13	现金流是否有缺口	400	0	400
14	是否有未偿还的贷款和欠款	200	0	200
15	其他收入	300	0	300
16	如以上无误,利润得分	4000	1444	2556
17	合计	10000	1544	8456

3)项目执行

(1)界面

（2）功能介绍

按月度将沙盘的实际推演过程数据录入表格空白处，便可以在后续项目执行分析得到相应的成果分析。

（3）操作方法

单击第 1 月将沙盘的实际推演过程数据录入表格空白处，单击填写施工进度将实际的施工计划录入到表格中，单击本月完成切换到第 2 月继续操作。

所有月度数据录入完毕后，单击"执行提交"，完成全部数据录入。

4）项目执行分析

（1）界面

（2）功能介绍

按照实际推演进度，以月度为单位，进行数据录入后，在执行分析处便可以看到项目执行的各项成果分析数据。

（3）操作方法

打开项目成果分析：原理同策划分析成果，只是数据的计算来源于项目执行阶段所填写的各项数据。

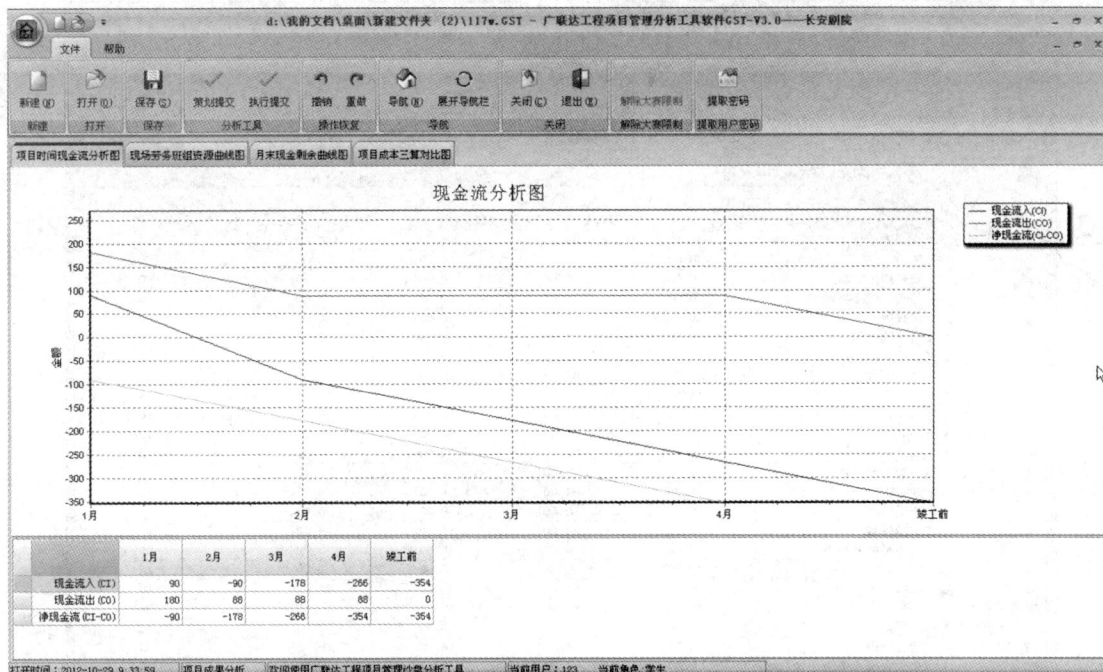

打开结算误差分析：数据下方如有红色线标注，证明在执行过程所填写的数据与计算机自动统计计算的数据不相符，应在项目执行对应月份进行数据的修正，直至无红线显示，同时用来验证盘面数据的真实性和正确性，避免不规范操作和错误的递加，及时做出正确调整。

打开实际成本分析：可以看到项目每月的实际成本各分项组成情况，同时可以单击与最优化方案对比，来了解项目各月操作的利弊情况，作出具体分析。

打开项目资金分析、计划实际对比分析、项目状态分析、赢得值分析等从各方面将所推演项目进行整体分析。

　　系统通过基础数据的自动分析,对应各项绩效指标,自动判定出小组内各个岗位得分并累加计算得出。五个角色岗位的绩效考核,分为月度考核和整体考核两部分,最后综合评价个人得分。并通过玫瑰图的形式直观地展现出来,各岗位得分累加计算得出团队总分,以柱状图展现出来。

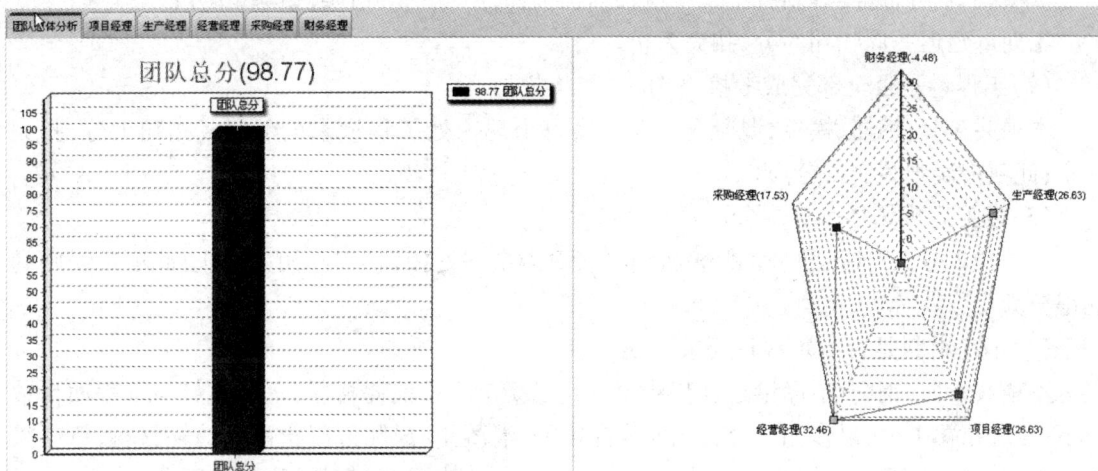

项目小组得分:项目小组得分评价执行阶段的成绩,取决于团队得分及利润。

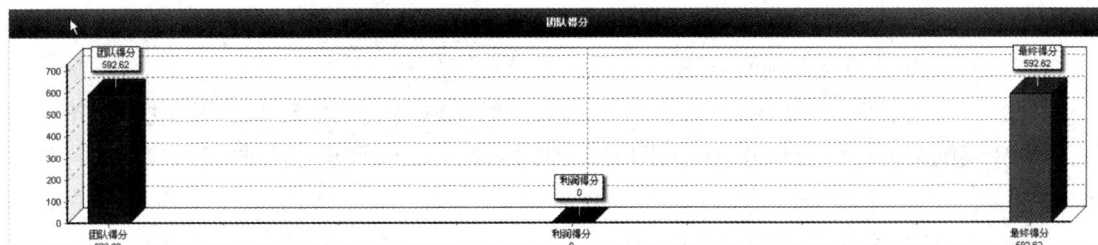

七、分析工具软件评分规则说明

1）策划得分

（1）进度计划考核：20分

本项共20分，进度计划各个工序搭接的正确性，出现一次错误，扣除20分；

工期每延迟一周扣罚5分，扣完为止。

（2）工程量是否全部完成考核：3分

本项共3分，钢筋、模板、混凝土三项工序每出现一处工程量未全部完成扣罚1分，扣完为止；此项错误则利润得分为0分。

（3）竣工后现场是否有剩余资源考核：2分

本项共2分，劳务班组、机械、模板、材料，每剩余一处扣罚1分，扣完为止；此项错误则利润得分为0分。

（4）消耗材料是否满足项目要求：4分

本项共4分，钢筋/成品钢筋，混凝土/成品混凝土两项消耗材料，每项数量与工程项目数量不一致，扣罚1分，最多扣2分，钢筋/成品钢筋，混凝土/成品混凝土两项消耗材料，每项采购时点与使用时点不一致，扣罚1分，最多扣2分；此项错误则利润得分为0分。

（5）周转材料是否满足项目要求：4分

本项共4分，模板采购计划中采购量不能满足项目要求，出现一次扣4分，此项错误则利润得分为0分；模板采购计划中提前出场而使模板不能满足项目要求，出现一次扣4分，此项错误则利润得分为0分；模板使用计划中使用量不能满足项目要求，每出现一次扣1分，扣完为止。

（6）劳务资源是否满足项目要求：2分

本项共2分，当劳务待工出现负数时，证明现场劳务资源匹配不合理，扣罚2分；此项错误则利润得分为0分。

（7）市场资源使用是否符合项目可用资源限制：2分

本项共2分，当劳务班组使用数量超过市场可用资源，扣罚2分；此项错误则利润得分为0分。

（8）机械设备是否满足项目要求：4分

本项共4分，未配备应有机械，扣罚4分；发电、供水机械任意项出现错误，扣罚4分，此项错误则利润得分为0分；加工机械任意项出现错误一次扣罚1分，扣完为止。

（9）临时设施是否合理判断：3分

本项共3分，当任意一项库房或宿舍容量小于现场材料或劳务班组应用容量时，扣罚3分，此项错误则利润得分为0分；任意库房或劳务宿舍容量大于应用容量时，每项扣罚1分，扣完为止。

（10）完成工程量填写是否正确：3分

本项共3分，当任意一个月度完成工程量填写值与施工进度计划部匹配，扣罚3分，此项错误则利润得分为0分。

（11）在施工程量填写是否正确：2分

本项共2分，当任意一个月度在施工程量填写值与施工进度计划部匹配，扣罚2分。

(12)措施项目是否满足项目要求:2分

本项共2分,安全措施投入/雨季措施投入,每出现一次错误扣罚1分;扣完为止。措施投入未达到累计应投值,则按照少投部分的2倍进行罚款。

(13)现金流是否有缺口判断:4分

本项共4分,现金流计划表中月末报量前是否出现负数,每出现一次扣罚1分,月末现金结余是否出现负数,每出现一次扣罚1分,扣完为止;此项错误则利润得分为0分。

(14)是否有未偿还的贷款和欠款判断:2分

本项共2分,当出现未偿还的贷款和欠款时各扣1分;此项错误则利润按偿还贷款和欠款后的实际值计算。

(15)其他收入填写是否正确:3分

其他收入填写超过应收值,扣罚3分;此项错误则按实际应收其他收入计算;

其他收入填写小于应收值,扣罚1分;此项错误则按填写值计算。

(16)如以上无误,利润得分考核:40分

本项共40分,当利润为负数或零时,该项得分为零,当大于等于最佳答案利润值时得分为40分,为中间值时,按计划利润与最佳利润的比例乘以40分所得值(四舍五入,取整数)为本项得分。

2)成员绩效得分

五个角色岗位的绩效考核,分为月度考核和整体考核两部分,最后综合评价总成绩。各岗位考核评分标准如下:

(1)财务经理

月度考核内容:

A.利息支出偏差考核:每月10分,考察利息是否按照规定利率支出,如错误支出,则此项为零;

B.项目是否使用高利贷贷款:每月10分,考察每月项目是否因现金断流而申请高利贷,如果申请,则此项为零;

C.现金流是否有缺口:每月20分,考察每月现金流计划表中月末报量前及月末现金结余是否出现负数是否出现负数(不含怠工费,怠工费出现负数不扣本项分值),如出现负数,则此项为零;

D.项目现金流误差考核:每月30分,考察每月末现金剩余是否与分析软件所得现金剩余一致,如果不一致,此项为零;

E.项目利润核算考核:每月30分,考察每月项目利润核算是否与分析软件一致,如果不一致,此项为零。

完工考核内容:

F.利息与标准答案偏差考核:分值20分,考察利息支出金额与标准答案利息支出的偏差,与标准答案相比每多出一万,扣除5分,扣完为止;

G.其他收入计算是否正确:分值20分,其他收入填写超过应收值,则此项为零;其他收入填写低于应收值,每低1万扣除5分,扣完为止;

H.是否有未偿还的贷款和欠款判断:分值20分,当出现未偿还的贷款和欠款,则此项

为零；

I. 利润得分：分值 40 分，本项得分按本组利润/标准答案的百分比乘本项分值计算。

$$最后得分 = 月度考核平均分 \times 50\% + 完工考核 \times 50\%$$

（2）采购经理

月度考核内容：

A. 项目材料损耗考核：每月 20 分，考察当月是否有材料损耗发生，有材料损耗扣罚 10 分；

B. 消耗材料是否满足项目要求：每月 40 分，考察当月消耗材料是否符合施工进度计划，无法满足，则此项为零；

C. 周转材料是否满足项目要求：每月 40 分，考察当月周转材料是否符合施工进度计划，无法满足，则此项为零。

完工考核内容：

D. 临时设施容量考核：分值 10 分，当任意一项库房或宿舍容量小于现场材料或劳务班组应用容量时，则此项为零；每一项库房或劳务宿舍容量大于应用容量时，每项扣罚 2 分，扣完为止；

E. 消耗材料采购成本偏差考核：分值 20 分，考核资源采购成本偏差考核 = 20 分 - [（临时设施 + 机械 + 材料）成本与标准答案相比每高出 1 万元] × 2 分，扣完为止；

F. 周转材料采购成本偏差考核：分值 20 分，考核周转材料采购成本偏差考核 = 20 分 - [（租赁费 + 运输费）成本与标准答案相比每高出 1 万元] × 5 分；

G. 竣工后是否有剩余资源（劳务班组、机械、消耗材料、周转材料）：分值 10 分，劳务班组、机械、消耗材料、周转材料，剩余一处，则此项为零；

H. 利润得分：分值 40 分，本项得分按本组利润/标准答案的百分比乘本项分值计算。

$$最后得分 = 月度考核平均分 \times 50\% + 完工考核 \times 50\%$$

（3）经营经理

月度考核内容：

A. 项目成本绩效：每月 50 分，考核每月项目 CPI，CPI 考核 = 50 分 - （与标准答案的 CPI 差值）× 100 分；

B. 劳务结算偏差：每月 20 分，偏差考核 = 20 分 - （待工费计算、劳务费结算两项每错一项）× 2 分；

C. 周转、机械结算偏差：每月 20 分，结算偏差考核 = 20 分 - （周转材料结算与机械结算两项每错一项）× 2 分；

D. 其他结算偏差：每月 10 分，其他结算偏差考核 = 10 分 - （报量收入结算与现场管理费结算两项，每错一项）× 2 分。

完工考核内容：

E. 利润得分：分值 100 分，本项得分按本组利润/标准答案的百分比乘本项分值计算。

$$最后得分 = 月度考核平均分 \times 80\% + 完工考核 \times 20\%$$

（4）生产经理

月度考核内容：

A. 进度绩效:每月 40 分,进度绩效考核＝40 分－(SPI 与标准答案的 SPI 偏差)×100 分;

B. 工程量统计是否正确:每月 20 分,考核工程量每月是否按实际进度填写正确,出现一次错误,则此项为零;

C. 劳务资源是否满足项目要求:每月 40 分,考核每月在场的劳务资源与完成工程量是否匹配,出现一次错误,则此项为零。

完工考核内容:

D. 模板闲置:分值 10 分,模板闲置考核＝10 分－(与标准答案相比每多出 1 万元)×2 分;

E. 消耗材料采购成本偏差考核:分值 10 分,考核资源采购成本偏差考核＝20 分－[(临时设施＋机械＋材料)成本与标准答案相比每高出 1 万元]×2 分,扣完为止;

F. 劳务待工费考核:分值 10 分,劳务待工费费考核＝10 分－(与标准答案相比每多出 1 万元)×2 分;

G. 市场可用资源判断:分值 10 分,考察项目投入的劳务资源是否超出市场可用的劳务班组数量,如超出可用数量,则此项为零;

H. 工期是否满足要求:分值 20 分,考察总工期是否满足合同要求,超出合同约定工期,此项为 0 分;

I. 利润得分:分值 40 分,本项得分按本组利润/标准答案的百分比乘本项分值计算。

最后得分＝月度考核平均分×40%＋完工考核×60%

(5)项目经理

月度考核内容:

A. 项目成本绩效:每月 40 分,项目 CPI 考核＝经营经理 CPI 得分;

B. 项目进度绩效:每月 40 分,项目 SPI 考核＝生产经理 SPI 得分;

C. 项目其他支出考核:每月 5 分,其他支出考核＝有其他支出此项得分为零;

D. 紧急资源进出场得分考核:每月 5 分,紧急资源进出场得分考核＝有紧急进出场则此项得分为零;

E. 风险投入是否满足项目要求:每月 10 分,每月安全及雨季施工措施费投入是否满足项目要求,出现一处错误,则此项为零。

完工考核内容:

F. 工期是否满足要求:分值 40 分,考察总工期是否满足合同要求,超出合同约定工期,此项为 0 分;

G. 利润得分:分值 60 分,本项得分按本组利润/标准答案的百分比乘本项分值计算。

最后得分＝月度考核平均分×60%＋完工考核×40%

3)项目小组得分(执行得分)

执行得分由团队得分＋核算考核得分＋利润得分构成,团队成员得分占执行总分的 30%＋核算考核得分占执行得分的 10%＋利润得分占执行得分的 60%。其中核算考核为新增内容,考核每月月末剩余现金与软件计算是否一致 5%＋每月月末利润核算与软件计算是否一致 5%。